끝이 없는 위기

CRISIS WITHOUT END

The Medical and Ecological Consequences of the
Fukushima Nuclear Catastrophe

세계 최고 과학자들이 내린
후쿠시마 핵재앙의 의학적·생태학적 결론

끝이 없는 × 위기

헬렌 캘디콧 엮음 | **우상규** 옮김

2011년 3월 11일 리히터 규모 9의 지진이 일본의 태평양 연안을 강타했다. 며칠 뒤 지진에 따라 쓰나미가 몰려와, 후쿠시마 제1원자력발전소에 있는 여섯 기의 원자로 중 세 기가 멜트다운Meltdown(원자로의 노심爐心이 녹는 현상 ―옮긴이)을 일으켰다.

지진과 동시에 원자로 건물의 외부 전원이 끊겨, 노심을 냉각하기 위해 분당 약 400만 리터의 물을 공급하던 펌프가 정지했다. 시설 지하에 설치돼 있던 비상 디젤 발전기가 작동했지만, 그것도 곧 쓰나미에 삼켜졌다. 냉각 기능이 멈추자 1, 2, 3호기의 노심은 몇 시간 뒤 멜트다운되기 시작했다. 그후 며칠 만에 노심 세 개(각각 무게 100톤) 모두가 두께 15센티미터의 철로 된 격납 용기의 밑을 녹이고 원자로 건물의 콘크리트 바닥으로 흘러나왔다. 일본 정부와 원전을 운영하는 도쿄전력은 재앙 후 몇 달 동안 이 사실을 부정했다. 그와 동시에 수천 개의 핵연료봉을 덮고 있던 지르코늄 외피가 물과 반응하면서 수소가 발생했고, 이것이 1, 2, 3, 4호기의 수소 폭발을 일으켰다.

대량의 방사성 물질이 공기와 물로 흘러 나갔다. 1986년 발생한 체르노빌 원전 사고의 세 배나 되는 불활성 가스(아르곤, 크세논, 크립톤)와 세슘·트리튬·요오드·스트론튬·아르젠튬·플루토늄·아메리슘·루비듐을 포함한 대량의 휘발성 및 비휘발성 방사성 원소가 유출됐다.

현재 후쿠시마 사태는 역사상 가장 큰 재해로 기술된다. 일본 정부가 3500만 명을 도쿄에서 피난시킬 계획을 세우고 있을 당시도, 후쿠시마 제1원전에서 해안을 따라 몇 킬로미터 떨어진 후쿠시마 제2원전의 원자로 네 개를 비롯한 다른 원자로도 위험한 상태였음을 알아야 한다.

한편 폭발 위험이 사라지지 않은 후쿠시마 제1원전 인근에서 많은 사람이 피난했고, 기체 상태의 방사성 물질을 감시하는 시스템이 있었지만 방사성 물질이 어디로 흐르는지는 알려지지 않았다. 결과적으로 사람들은 방사선 농도가 가장 높은 지역으로 피난해 외부의 높은 감마 방사선에 전신이 노출됐고, 방사성 물질이 섞인 공기를 마셔 방사성 원소를 흡수하게 됐다.[1]

피폭된 사람에게 불활성 요오드화칼륨을 투여했으면 방사성 요오드가 갑상선에 침입하는 것을 막을 수 있었을 터이다. 그러나 불행하게도, 성실한 촌장이 있었던 미하루 정町 이외의 지역에서는 지급되지 않았다. 예방을 위한 요오드가 사고 며칠 후에는 후쿠시마 의대 직원에게 배포되었다. 대학 근처의 잎이 많은 채소에서 1킬로그램당 190만 베크렐이라는 극도로 높은 수준의 방사성 요오드가 검출됐기 때문이다.[2] 요오드 오염은 이미 잎이 많은 채소와 우유로 확산되었다. 세슘을 비롯한 다른 방사성 물질에 의한 오염도 일본의 많은 지역의 채소·과일·고기·우유·쌀·차에 퍼져 있다.[3]

후쿠시마의 재앙은 아직 끝나지 않았으며, 향후 수천 년이 지나도 끝나지 않을 것이다. 일본의 넓은 지역을 뒤덮은 방사성 낙진은 그 독성이 수십만 년 동안 남아 있을 것이다. 쉽게 제거할 수 있는 것이 아니며 음식과 동물은 물론, 사람도 오염시킬 것이다. 완전한 멜트다운을 일으킨 후쿠시마 제1원전의 원자로 세 기도 해체되거나 봉쇄될 것 같지 않다. 도쿄전력은 그런 대규모 공사는 적어도 30년에서 40년은 걸릴 것이라고 주장한다. 국제원자력기구IAEA는 손상된 원자로의 방사선량이 위험한 수준이므로 40년 이상 아무런 진전도 기대할 수 없다고 예상하고 있다.

이 사고는 의학적 측면에서 체르노빌 재앙에 버금간다. 후쿠시마 원전이 멜트다운되면서 방사성 원소를 흡수한 주민들 사이에 암이 만연할 것이다. 체르노빌에서는 한 번의 붕괴와 폭발로 유럽 대륙의 40퍼센트가 오염됐다. 2009년 뉴욕과학아카데미가 발표한 보고서에 따르면, 이미 100만 명 이상이 사고의 직접적인 영향으로 사망했다. 유럽의 많은 지역이 향후 수백 년 동안 방사능에 노출될 것이며, 일본에서도 같은 일이 일어날 것이다.[4]

일본과 지구에 미친 후쿠시마 재앙의 영향과 원자력발전소의 전체적인 안전성을 고려할 때, 원전 사고로 누출된 방사성 원소에 따른 생물학적·의학적 결과를 이해하고 평가하는 것이 필수다.

방사선의 의학적 영향

- **사실 1** '안전한 방사선량'이라는 것은 없다. 몸에 들어간 방사성 원소는 축적돼 악성 종양이나 유전적 질환이 발병할 위험성을 높인다.
- **사실 2** 어린이는 방사선에 의한 발암이 성인의 10~20배 더 많이 일어날 수 있다. 여성은 남성보다 민감하고, 태아와 면역결핍 환자도 매우 민감하다.
- **사실 3** 원자로의 멜트다운이나 핵무기 폭발에 의해 노출된 고농도의 방사선은 탈모, 심한 구토, 설사, 출혈 등 심각한 방사선 질환을 일으킬 수 있다. 이러한 질환, 특히 어린이의 질환은 후쿠시마 사고 몇 달 뒤부터 보고되고 있다.
- **사실 4** 암과 백혈병의 잠복기는 5~10년이고, 고형암의 경우 15~80년이나 된다. 모든 종류의 암이 방사선 체외 및 체내 피폭으로 인해 유발될 수 있다. 난자와 정자의 돌연변이에 의해 6000가지 이상의 유전자 질환이 생기며, 그것은 미래 세대에도 이어진다.

의료 행위나 공항에서의 엑스선 검사뿐 아니라 원자로와 핵폐기물에서 흘러나온 방사성 물질까지 우리 주변 환경에서 방사성 물질에 노출되는 수준이 높아지면서, 미래 세대에 암이나 유전적 질환이 늘어나는 것은 불가피하다. 체르노빌과 후쿠시마 원전에서 일어난 것과 같은 재앙은 피폭된 사람들의 암과 유전적 질환 발병 위험을 급격하게 증가시킨다.

전리 방사선의 종류

전리電離 방사선에는 다섯 가지 종류가 있다.

- **엑스선**은 전자파이며 인체를 통과하는 순간 돌연변이를 일으킨다. 방사성 물질에서 방출되지 않고, 사람이 만든 의료 기기에서만 발생한다.
- **감마선**도 전자파이며 원자로에서 생성되는 방사성 물질의 대부분이 방출한다. 토양의 방사성 물질에 의해서도 어느 정도는 생긴다.
- **알파선**은 미립자이며, 우라늄 원자와 원자로에서 만들어진 플루토늄·아메리슘·퀴륨·아인시타이늄 등의 원소에서 방출되는 두 개의 양성자와 두 개의 중성자로 구성된다. 알파 입자는 인체 내에서 극히 짧은 거리만 이동하며, 표피의 각질층을 통과해 살아 있는 피부 세포를 손상시키지는 못한다. 그러나 이 방사성 원소가 폐와 간, 뼈와 다른 장기에 들어가면 오랜 시간에 걸쳐 매우 좁은 범위의 세포를 대량의 방사선에 피폭시킨다. 이런 세포의 대부분은 죽지만, 방사선 영역의 끝에 있는 세포는 살아남아서 곧잘 변이되며, 암을 일으킬 수 있다. 알파 방사체는 발암성이 가장 높은 물질이다.
- **베타선**도 알파선처럼 미립자다. 스트론튬90·세슘137·요오드131 등의 방사선 원소에서 방출되는 강렬한 전자다. 베타 입자는 질량이 작고, 알파 입자보다 멀리 이동하며, 역시 돌연변이를 유발한다.
- **중성자선**은 원자로나 원자폭탄의 핵분열 과정에서 방출된다. 후쿠시마 1호기는 주기적으로 중성자를 방출하고 있다. 녹아버린 노심 부분이

간헐적으로 위험한 상황에 다다른다. 중성자는 큰 방사성 입자로 수 킬로미터를 이동한다. 콘크리트나 철은 물론, 거의 모든 것을 통과한다. 중성자선으로부터 몸을 숨기는 방법은 없다. 심각한 돌연변이 유발 물질이다.

이외에도 200개 이상의 방사성 원소가 있으며 반감기, 생태적 특성, 먹이사슬과 인체의 침입 경로가 각기 다르다. 놀랍게도 그 생태적 경로는 거의 규명되지 않았다. 게다가 눈에 보이지 않고 맛이나 냄새도 없다. 암 증상이 나타날 경우 그 원인을 정확하게 밝혀내는 것은 불가능하지만, 히로시마와 나가사키의 데이터를 비롯해 방사선이 암을 일으킨다는 것을 증명하는 문헌은 많다.

다음은 후쿠시마에서 공기와 물로 계속 방출되고 있는 방사성 원소 다섯 가지에 대한 설명이다.

- **트리튬**은 방사성 수소다. 산소와 결합하기 때문에 물이 오염되면 거기서 트리튬을 분리할 수가 없다. 트리튬의 유출을 막을 수 있다고 알려진 유일한 물질은 매우 조밀한 금뿐이다. 원자로가 작동할 때 계속해서 많은 양의 트리튬이 공기와 냉각수로 유출된다. 조류·해초·갑각류·물고기 등의 수중 생물과 땅 위의 모든 생물에도 농축된다. 모든 방사성 원소와 마찬가지로 맛과 냄새가 없고 눈에 보이지 않기 때문에 호흡하며 들이마시거나 음식을 통해 체내에 유입된다. 원자로 근처의 안개는 트리튬이 섞인 물을 머금고 있는데, 그 안개 속으로 들어가면

피부와 폐에 제한 없이 침투된다. 트리튬은 뇌종양, 태아 기형, 각종 장기의 암을 일으킬 수 있다. 트리튬의 반감기는 12.3년이다. 방사선 에 너지가 절반으로 줄어드는 데 12.3년이 걸린다는 의미로, 방사성이 완 전히 사라지려면 100년 이상이 걸린다.

- **세슘137**은 반감기가 30년으로, 베타선과 높은 에너지의 감마선을 방출 한다. 300년 이상 방사성 위험 물질로 검출될 수 있다. 다른 모든 방사 성 원소와 마찬가지로, 세슘은 먹이사슬(인간은 먹이사슬의 정상에 있다) 의 어떤 단계에서도 생태학적으로 농축된다. 칼륨처럼 세포 어디에나 존재할 수 있다. 세슘에 노출되면 뇌종양, 횡문근 육종(악성 근육 종양), 난소암, 고환암, 유전적 질환이 유발될 수 있다.

- **스트론튬90**은 반감기가 28년이며 높은 에너지의 베타선을 방출한다. 칼슘처럼 뼈로 향하는 경향이 있다. 먹이사슬은 물론, 특히 우유(모유 포함)에서 농축되고, 인체의 뼈와 이에 축적된다. 스트론튬90에 노출 되면 유방암이나 골수암, 백혈병이 발생할 수 있다.

- **방사성 요오드131**은 반감기가 8일이며 베타선과 감마선을 방출한다. 처 음 10주 동안 위험하다. 먹이사슬에서 생물학적으로 농축된다. 처음에 는 채소와 우유 그리고 인체의 갑상선에 농축돼, 갑상선 질환과 갑상선 암을 일으키는 강력한 발암 물질이다. 후쿠시마 현에서 갑상선 초음파 검사를 받은 18세 미만 29만5211명 가운데 89명이 갑상선암 진단을, 42명 이상이 갑상선암 의심 진단을 받았다는 사실에 주목해야 한다.[5] 체르노빌에서 사고 4년 후까지 갑상선암으로 진단된 사례는 없다. 후쿠 시마에서 이렇게 빨리 발병했다는 것은 일본의 아이들이 심각한 수준

의 요오드131에 노출됐음은 물론, 다른 많은 동위원소에도 상당히 노출됐음을 의미한다. 분명 피폭된 사람들은 비슷하게 방사능에 오염됐을 것이므로, 다른 암의 발생도 늘어날 것이다.

- **플루토늄**은 매우 치명적인 물질로, 알파선을 방출한다. 독성이 높고, 100만 분의 1그램이라도 폐에 흡수되면 암을 일으킬 수 있다. 철과 유사하게 철 전달 단백질 트랜스페린과 결합해 간암, 골수암, 백혈병, 다발성 골수종의 원인이 된다. 고환과 난소에서 농축돼 고환암이나 난소암을 일으키고, 미래 세대에 유전적 질환을 일으킬 수 있다. 기형 발생 물질로, 발육 중인 태아의 세포를 죽여 심각한 선천성 이상을 유발한다. 체르노빌에서는 플루토늄에 의한 피폭 때문에 의학 역사상 어느 때보다도 많은 선천성 이상 증상을 가진 어린이로 병원이 가득 찼다. 반감기는 2만4400년이므로 약 25만 년 동안 방사성을 유지한다. 원자폭탄의 재료로 쓰이며 5킬로그램만 있으면 도시 하나를 증발시킬 수 있다. 원자로 하나에서 1년에 플루토늄 25킬로그램을 만들어낼 수 있다. 1킬로그램만 적당하게 분배돼도 지구에 있는 모든 사람에게 폐암을 유발할 수 있는 것으로 추정되고 있다.

원전 사고로 인한 방사능 오염과 낙진이 장기적이고 심각한 의학적 영향을 미치는 것은 방출된 방사성 원소가 수백 년에서 수천 년 동안 먹이사슬에서 계속 농축돼 암, 백혈병, 유전적 질환의 확산을 일으키기 때문이다. 이러한 징후는 이미 조류와 곤충에게 나타난다. 번식이 매우 빨라 비교적 짧은 시간에 여러 세대에 걸쳐 방사능에 의한 돌연변이를 관찰할 수 있기 때문이다. 선구적인 연구를 통해 체르노빌과 후쿠시마 출입 금지 구역에 서식하는 조류에게서 종양, 백내장, 유전자 변이, 불임, 뇌의 위축이 높은 확률로 발생한 것으로 밝혀졌다. 동물에게 일어난다면 인간에게도 일어난다.[6]

일본 정부는 후쿠시마 제1원전의 방사능 오염을 정화하려고 필사적으로 노력하고 있다. 그러나 현실적으로 할 수 있는 일이라고는 오염 물질을 모으고, 용기(대개는 비닐 봉투)에 넣어 다른 곳으로 옮기는 것밖에 없다. 일부 도급업자는 방사성 잔해와 흙이나 나뭇잎을 개울이나 다른 불법적인 장소에 버리게 하고 있다. 이렇게 원소를 중화하는 방법도, 그것이 향후 확산되지 않도록 하는 방법도 확립되지 않았다. 오염 물질을 주변과 분리해 수천 년 동안 안전하게 보관하는 것도 중요한 문제다. 어떤 용기도 100년 이상 밀폐 효과를 유지하지 못하며, 얼마 안 돼 방사성 원소가 누출되기 마련이다. 일본에 이렇게 많은 양의 오염된 물과 토양을 보관할 안전한 장소는 없다. 일본 내에 있는 54기의 원자로에 쌓이는 수천 톤의 고준위 방사성 폐기물도 마찬가지다.

암, 선천성 이상, 오염된 음식. 우리가 언제든 불을 켜고 컴퓨터를 쓰고 핵무기를 만들려고 하다가, 미래 세대에게 남기게 된 유산이다. 아인슈타인은 이렇게 말했다. "강력한 힘을 가진 원자로 인해 모든 것이 바뀌었지만, 우리의 생각은 변하지 않았다. 그래서 우리는 유례없는 재앙을 향해 가고 있다." 인류는 이 파멸적인 결말을 피할 수 있는 성숙함을 가지고 있을까.

후쿠시마의 비극적인 핵 사고 이후 수개월, 수년 동안 전 세계 주요 미디어와 유명 정치인은 방사선 생물학에 대해 끔찍한 무지를 드러냈다. 이에 나는 2013년 3월 11일과 12일 뉴욕 의학아카데미에서 후쿠시마의 의학적·생태학적 영향에 대해 이틀간 심포지엄을 개최했다. 다행히 세계 최고의 과학자·역학자·물리학자·의사 들이 모여 후쿠시마에 관한 최신 데이터와 연구 결과를 발표했다. 이 책 『끝이 없는 위기Crisis Without End』는 그 중요한 발표를 엮은 것이며, 원자력 업계나 일반 대중에게 알려지지 않은 정보가 포함돼 있다.

이 책은 일본의 전 총리 간 나오토의 에세이로 시작된다. 간 전 총리는 사고 당시의 책임자로, 현재는 열성적인 원전 반대론자다. 일본인 물리학자 고이데 히로아키는 일본의 원전 현황을 밝혔고, 국회 사고조사위원회 위원 사키야마 히사코 박사는 위원회의 연구 결과에 대해 매우 중요한 보고를 해줬다. 일본 외교관인 마쓰무라 아키오는 일본 정부와 원자력 업계가 진실을 숨기고, 이 끔찍한 사고가 현재와 미래에 미치는 의학적 위험성에 대해 국민에게 적절한 정보를 제공하지 않았다는 사실을 자세히 밝혔다.

유전학자 블라디미르 베르테레키 박사는 체르노빌 사고 이후 우크라이나 리우네 지역에서 나타난 선천성 이상에 대한 데이터를 보여줬다. 이것은 후쿠시마 사고 이후 일본에서 신생아의 선천성 이상을 역학적으로 추측하는 과학적 기초가 될 것이다. 실제로 피폭된 사람들 사이에서 그러한 이상 사례의 발생 보고가 증가하고 있으며, 블라디미르의 예측이 올바른 것으로 밝혀지고 있다.

진화생물학자 티머시 무소 박사는 체르노빌과 후쿠시마 출입 금지 구역의 조류·포유류·곤충의 돌연변이, 선천성 이상, 종양의 조사에 근거한 발견을 발표했다. 이러한 생태계에 대한 방사선의 영향은 인체의 건강에 직접 응용하여 추정할 수 있다. 내부 피폭과 저선량 방사선에 관한 무소 박사의 선구적인 연구는 원자력 산업과 그 동맹 단체인 국제원자력기구, 세계보건기구WHO, 원자방사선의 영향에 관한 유엔 방사선영향과학위원회 UNSCEAR, 국제방사선방호위원회ICPR가 권장하는 '안전한 방사선 피폭'이라는 생각을 근본적으로 뒤집는 것이다.

히로시마와 나가사키의 원폭 생존자를 대상으로 한 원폭 상해 조사위원회의 연구에 관한 역학자 스티븐 윙 박사의 통찰력이 담긴 글도 매우 중요한 연구 성과다. 이 위원회는 원폭 투하로부터 13년이 지난 1958년까지 피폭자의 암 발병을 조사하지 않았다. 또한 원폭 투하 후 5년 동안 아무런 데이터도 수집하지 않은 상태에서 극도로 심한 피해를 입은 사람들은 조사 이전에 죽었기에, 죽음이나 질병에 관한 데이터가 없다. 이런 결함투성이 연구가 현재까지도 원자력 기관에서 복음서처럼 받아들여지고 의학계와 원자력 산업계의 방사선 피폭 기준이 되고 있었던 것이다.

메리 올슨이 태아·어린이·여성·노인 등 면역력이 약한 다양한 그룹을 대상으로 방사선의 영향에 대해 연구한 보고서도 있다. 신디 폴커스는 미국 환경보호국EPA, 미국 식품의약국FDA, 기타 미·일 유관 기관이 식품의 방사능 오염 검사를 실시하지 않는 무책임함을 따끔하게 추궁한다.

숙련된 원자력 기술자인 데이비드 로크바움과 아널드 건더슨은, 사고 역학과 구조적으로 취약하고 지진으로 약해진 건물, 녹아버린 노심, 막대한 방사성 폐기물로 가득 찬 연료 풀에 관해 원자력 과학적인 예측을 선명하고 상세하게 묘사했다.

스티븐 스타, 이언 페어리, 데이비드 브레너 박사는 방사선의 생물학적 영향에 대해 다른 견해를 제시했다. 미국과 일본에서 고준위 방사능 폐기물이 증가하는 것에 관해서 에너지 부처의 전 관료인 로버트 앨버레즈와 핵 폐기물 전문가 케빈 캠프스가 설명했다.

또한 두 대가의 도발적이고 매혹적인 에세이도 수록했다. 한 사람은 테네시계곡개발공사TVA의 회장이었던 데이비드 프리먼이다. 다른 사람은 하버드대와 스탠퍼드대에서 방사선학 교수를 역임했고, 미국 과학아카데미NAS의 『전리 방사선의 생물학적 영향에 관한 위원회BEIR 제7차 보고서』의 고문이기도 한 허버트 에이브럼스 박사다.

이 책에는 알렉세이 야블로코프 박사의 탁월한 논문도 게재돼 있다. 야블로코프 박사는 소련·우크라이나·벨라루스 등에서 수많은 과학적·의학적 역학 논문을 모아 체르노빌 사고로 인해 특이하게 발생한 질환과 사망 사례 기록을 정리했다. 야블로코프 박사는 선구자이지만, 그의 귀중한 연구는 세계 과학계에서 아직 충분히 인정받지 못하고 있다.

차례 CRISIS WITHOUT END

시작하며 _004

1 \ 원전을 보유하지 않는 것이 최고의 원전 정책 간 나오토 _019

2 \ 오염된 세계에서 살기 고이데 히로아키 _023

3 \ 놀랄 가치도 없는 놀라움 데이비드 로크바움 _027

4 \ 일본 국회 사고조사위원회의 조사 결과 사키야마 히사코 _033

5 \ 방사성 세슘에 오염된 일본 스티븐 스타 _039

6 \ 세계는 후쿠시마 사고에서 무엇을 배웠는가 마쓰무라 아키오 _064

7 \ 전리 방사선이 생물계에 미치는 영향 데이비드 브레너 _070

8 \ 후쿠시마 사고가 초기 건강에 미치는 영향 이언 페어리 _075

9 \ 체르노빌과 후쿠시마의 생물학적 영향 티머시 무소 _081

10 \ WHO와 IAEA, ICRP가 지어낸 거짓말 알렉세이 야블로코프 _087

The Medical and Ecological Consequences of the Fukushima Nuclear Catastrophe

11 \ 우크라이나 리우네 주의 선천성 기형 블라디미르 베르테레키 _103

12 \ 언제 무엇을 알았나 아널드 건더슨 _119

13 \ 사용후 핵연료 풀과 방사성 폐기물 관리 로버트 앨버레즈 _126

14 \ 일본과 미국에서의 방사능 위험 70년 케빈 캠프스 _134

15 \ 후쿠시마 사고 이후 식품 감시 신디 폴커스 _151

16 \ 원자력 시대의 성별 문제 메리 올슨 _160

17 \ 원자력 시설에서 방출되는 방사선에 대한 역학조사 스티븐 윙 _165

18 \ 낮은 수준의 전리 방사선 피폭에 의한 암 위험성 허버트 에이브럼스 _175

19 \ 원자력발전의 흥망 데이비드 프리먼 _181

20 \ 원자력 시대와 앞으로의 세대 헬렌 캘디콧 _187

주 _194

참고문헌 _199

필진 소개 _202

1

원전을 보유하지 않는 것이
최고의 원전 정책

간 나오토

2011년 3월 11일에 일어난 후쿠시마 제1원자력발전소 사고에는 두 가지 요인이 있다. 하나는 일본 역사상 미증유의 대지진과 쓰나미에 의한 완전한 정전이다. 두 번째는 인재人災다. 아무도 이런 시나리오를 예측하지 못했기 때문에, 도쿄전력도 정부도 적절한 예방 조치를 강구하지 않았다.

3월 11일 밤, 지진 발생 약 8시간 뒤 원자로 1호기가 멜트다운을 일으켰다. 녹아내린 핵연료가 격납 용기의 바닥에 고였고, 1, 2, 3, 4호기의 수소 폭발과 1, 2, 3호기의 멜트다운이 이어졌다. 3월 15일 오전 3시쯤 도쿄전력은 경제산업성을 통해 노동자들이 대피할 것을 요청했다. 도쿄전력의 노동자들이 철수하면 원자로의 통제는 거의 불가능해진다. 노동자들이 큰 위험에 놓이게 된다는 것은 알고 있었지만, 나는 그들이 남아 핵재앙을 처리해야 한다고 요구했다. 도쿄전력은 결국 동의했다. 3월 17일 자위대가 공중에서 사용후 핵연료 풀에 물을 투하했다.

피해가 확산하는 가운데, 나는 최악의 시나리오를 검토하고, 전문가에게도 그것을 다시 검토하게 했다. 후쿠시마 제1원전에는 여섯 기의 원자로와 일곱 개의 사용후 핵연료 풀이 있었다. 거기에서 12킬로미터 떨어진 후쿠시마 제2원전은 네 기의 원자로와 네 개의 사용후 핵연료 풀이 있었다. 둘을 합하면 그 지역에 열 기의 원자로와 열한 개의 사용후 핵연료 풀이 있었다. 3월 11일까지는 체르노빌 사고가 역사상 최악의 원전 사고였지만, 이는 단지 한 기의 원자로에 의한 것이었다. 이와 비교해 후쿠시마에서는 열 기의 원자로 모두 멜트다운될 위험과 방사능 물질이 공기로 유출될 우려가 있었다. 실제로 발생하게 된다면, 매우 넓은 범위에서 모두가 피난했어야 할 것이다. 당시 내가 가장 우려했던 점이다.

일본 원자력위원회 위원장인 곤도 슌스케가 언급한 최악의 시나리오는 반경 250킬로미터에 있는 사람들이 피난해야 하고, 10년, 20년, 30년 동안 집으로 돌아갈 수 없다는 것이었다. 도쿄를 포함하는 이 범위에는 일본 전체 인구의 절반에 가까운 5000만 명이 산다. 5000만 명이 집을 버리고, 직장과 학교를 떠나고, 환자가 병원을 떠나야 한다면 피난하는 동안 더 많은 희생자가 나올 것이고, 일본은 오랫동안 국가 기능을 할 수 없을 것이다. 결국 상황이 더 심각해지기 전에 원자로의 물을 펌프로 퍼내는 능숙한 대응과 신의 보살핌에 힘입어 방사성 물질의 확산은 최소화됐다. 그럼에도 최악의 시나리오가 현실이 될 가능성이 더 컸다.

사고가 일어날 때까지 일본의 원전 정책은 부적절했다. 전력회사는 쓰나미에 대한 대비, 예를 들어 예비 전원을 높은 위치에 설치하는 등의 조치를 게을리했다. 원전 사고에 대처하는 주된 역할은 경제산업성 산하에 있던 원자력 안전 보안원이 담당하고 있었지만, 그 우두머리는 원자력 전문가가 아니라 법률과 경제 분야의 인력이었다. 그들도 부하들도 이 같은 대규모 원전 사고에 대한 대비를 하지 않았고, 그 점이 재해를 더 키웠다.

2011년 이후 국내는 물론, 국제 에너지 정책의 맥락에서, 원자력발전의 문제에 어떻게 대처해나갈 것인가를 생각해왔다. 국토의 절반을 잃고 국민의 절반이 피난해야 하는 위험을 생각할 때, '가장 안전한 에너지 정책은 원전을 보유하지 않는 것'이라는 결론에 도달했다.

미래의 에너지 정책을 생각할 때, 지난 45억 년 동안 태양이 지구의 거의 모든 에너지원이었다는 사실을 떠올리게 된다. 인류가 원자를 조작해 에너지원으로 쓰는 원자력발전의 길을 연 순간, 지구상의 생명과 공존할 수 없는 기술을 만들어낸 것이다. 미래의 에너지 정책은 풍력·태양광·바이오매스 같은 재생 가능 에너지의 이용을 확대해나가는 데 초점을 맞춰야 한다. 원자력과 화석 연료에 의존해서는 안 된다. 일본에서는 후쿠시마 사고 이후 고정 인수 가격 제도를 도입한 결과, 재생 가능 에너지가 급속하게 인기를 얻고 있다.

사고 위험만이 원자력발전소의 문제가 아니다. 사용후 핵연료, 즉 핵폐기물이 발생하지만, 그것을 안전하게 처리하는, 실행 가능한 해결책은 발견되지 않았다. 일본은 세계 어느 곳보다 지진이 많이 발생해 장기간 핵폐기물을 안전하게 보관하는 것은 거의 불가능하다. 게다가 원전이 가장 저렴한 에너지원이라는 기존의 견해는 근본적으로 잘못됐다는 게 입증되고 있다. 원전은 저렴하지 않다. 일본의 많은 전문가와 정치가는 아직도 그렇게 생각하고 있지만, 특히 폐기물 처리 비용을 감안하면 경제적이라고 할 수 없으며, 앞으로도 결코 그렇게는 되지 않을 것이다. 원전은 과도적인 에너지원에 불과하다. 다음 세기에는 결코 존재해서는 안 되는 기술이다.

오염된 세계에서
살기

고이데 히로아키

원자력발전소는 우라늄의 핵분열에 의해 방출되는 에너지로 전력을 만들어 내는 설비다. 우라늄이 분열하면 원자로의 노심에 핵분열 생성물이 축적된다. 이것은 방사성 물질이므로 열을 발생시킨다.

후쿠시마 제1원자력발전소는 지진과 쓰나미에 휩쓸린 뒤 스스로 '발전' 할 수 있는 능력을 잃었다. 또한 송전망이 지진에 의해 파괴되었기 때문에 외부에서 전력을 공급받는 능력도 잃었다. 비상 디젤 발전기는 쓰나미로 침수돼 사용할 수 없게 됐다. 그러나 노심 내에 축적된 방사성 물질은 계속 발열한다. 그 열을 식히지 못하면 노심은 멜트다운을 일으킨다. 냉각하기 위해 물이 필요하고, 물을 공급하기 위해 펌프가 필요하며, 펌프가 작동하려면 전기가 필요하다. 하지만 전기가 끊겼기 때문에 펌프를 가동할 수 없고, 노심을 냉각하기 위해 물을 공급할 수도 없었다. 이런 일은 어느 원전에서나 일어날 수 있는 일이다.

후쿠시마 제1원전에서 여섯 기의 원자로 중 지진과 쓰나미가 덮친 날 1, 2, 3호기는 가동 중이었다. 원전 운전원들이 핵분열을 중지시키려 했지만 방사성 물질에서 발생하는 '붕괴열'을 막지 못했다. 이로 인해 1호기와 3호기에서 멜트다운이 일어났다.

노심은 약 100톤의 소결(燒結)된 우라늄 세라믹으로 채워져 있고, 섭씨 2800도 이하에서는 녹지 않는다. 그러나 1호기의 열은 너무 강렬해서 노심이 녹았다. 노심을 담고 있는 부분은 철로 만든 압력밥솥 같은 것으로, 섭씨 1400~1500도에서 녹는다. 녹은 세라믹은 철을 녹인 뒤 방사성 물질을 봉인하기 위한 격납 용기의 바닥으로 흘렀다. 그 연료는 방호벽을 태웠고, 방사성 물질이 주변으로 유출됐다. 노심이 멜트다운을 일으키자 수소가 발생했고, 그와 동시에 건물 안에서 폭발이 일어났다.

히로시마에 떨어진 원자폭탄에 의해 퍼졌던 세슘137은 극도로 위험한 방사성 물질이다. 일본 정부가 국제원자력기구에 제출한 보고서에 따르면 후쿠시마 제1원전의 1, 2, 3호기에서 공기 중으로 방출된 세슘137의 양은 히로시마 원자폭탄의 168배에 이른다. 그러나 이 숫자는 과소평가됐다. 지금까지만 해도 400~500배의 양이 공기 중으로 방출됐다. 또한 비슷한 양의 방사성 물질이 물로 유입돼 땅과 바다로 흘러들었다.

후쿠시마 원전은 도호쿠 지역의 태평양 연안에 있다. 동쪽은 바다와 닿아 있는데, 서쪽에서 바람이 불어오면 후쿠시마 제1원전에서 방출된 방사능 물질은 태평양으로 향하게 된다. 한편 바람이 남쪽이나 북쪽에서 불어오면 방사능 물질은 도호쿠 지역을 지나 간토 지역까지 이동한다. 일본 법률을 엄격하게 적용한다면 땅 1제곱미터당 4만 베크렐 이상의 방사성 물질을 포함한 구역은 방사능 오염지역으로 지정해야 한다. 그러나 그렇게 되면 면적 1만4000제곱킬로미터의 도호쿠와 간토의 광대한 지역이 피난 구역이 돼버린다. 이런 현실에 직면한 일본 정부는 그 지역에 사는 주민들을 위해 아무것도 하지 않기로 결정했고, 사실상 그들을 버렸다. 원전 주변 1000제곱킬로미터 범위에 사는 10만 명 이상이 집을 잃고 피난길에 올라 현재 유랑자처럼 살고 있다. 더욱이 1000만 명의 주민은 방사능 오염지역으로 지정돼야 할 곳에 남겨졌다. 그들은 매일 방사능에 노출된 채 살아간다.

후쿠시마의 재앙은 계속되고 있다. 2011년 3월 15일, 원자로 4호기에서 폭발이 일어났다. 4호기는 지진 때는 가동하지 않았기 때문에 노심에 있던 모든 연료봉은 원자로 건물에 있는 사용후 핵연료 풀로 옮겨졌다. 노심에는 548개의 연료 집합체가 있었고, 사용후 핵연료 풀에는 1331개의 연료 집합체가 있었다. 그때 연료 집합체들은 사용후 핵연료 풀의 바닥에 있었다. 그 바닥에 가라앉은 연료는 히로시마 원폭의 1만 배를 넘는 세슘137을 포함하고 있었다. 한편 폭발로 파괴된 원자로 건물은 사용후 핵연료 풀을 밖으로 배출하고 있는 상태였고, 후쿠시마 원전 근처에는 거의 매일 여진이 계속됐다. 만약 다른 지진이 일어난다면 사용후 핵연료 풀이 붕괴돼 냉각을 할 수 없게 된다(2013년 11월부터 4호기의 사용후 연료 풀에서 공용 풀로 연료를 옮기기 시작해 2014년 11월 작업이 완료됐다―옮긴이).

일본은 계속해서 원전을 사용하겠다는 선택을 했다. 그 선택은 국가에 끔찍한 짐을 지웠다. 원전 주변에 사는 사람들을 깊은 절망에 빠뜨렸다. 재앙을 수습하기 위해 많은 사람을 극한의 투쟁으로 내몰았다. 불행하게도 시간은 되돌릴 수 없다. 우리는 오염된 세계에서 살고 있다.

최대한 빨리 재해를 수습하고 방사능에 노출된 사람, 특히 어린이의 피폭을 줄이기 위해 할 수 있는 모든 일을 해야 한다. 하지만 일본은 오랫동안 원자력발전을 이용했다. 정계나 재계는 일본이 원전 없이는 살아남을 수 없다며 계속 고집하고 있다. 그러나 모든 원전을 폐지해도 전력 공급에 영향이 없다는 것은 데이터로도 확인할 수 있다. 일본 내 모든 원전은 가능한 한 빨리 폐지돼야 하며, 일본의 지도자들은 더 큰 비극이 발생하지 않도록 나라를 이끌어야 한다.

3

놀랄 가치도 없는 놀라움

데이비드 로크바움

후쿠시마 제1원자력발전소 참사는 일련의 예측 가능한 위험에서 비롯됐다. 재앙은 규모 9의 지진으로 시작됐지만 그것은 경이로운 정도는 아니었다. 후쿠시마 제1원전은 나름 중대 사고에 대비해 설계됐으며, 유효한 자료들을 보면 모든 안전 시스템은 지진에 견뎠고 예정대로 노심을 냉각했다. 그러나 그 지진은 원전이 펌프·모터·공조기·조명은 물론, 노심 냉각을 위한 모든 장비를 가동하기 위해 필요한 송전망에 심각한 타격을 입혔다.

송전망이 진도 9 미만의 지진에도 견딜 수 없다는 것은 오래전부터 알려져 있었다. 그래서 송전망이 망가질 경우를 대비해 열두 대 이상의 디젤 발전기가 설치돼 있었다. 디젤 발전기 한 대면 노심의 손상을 막기 위해 냉각하는 안전 시스템을 충분히 가동할 수 있으며, 나머지 발전기는 여분이었다. 지진으로 정상적인 전기 공급이 끊기면, 이 디젤 발전기들이 자동으로 작동해 노심을 냉각하는 장치에 전기를 공급한다.

그러나 지진은 쓰나미를 일으켰고, 약 45분 뒤에 들이닥쳤다. 원전이 바다에 접했기에 쓰나미에 대비해 7미터 정도 높이의 방파제가 원전 주변에 설치돼 있었지만, 불행히도 그날의 쓰나미는 13미터를 넘는 것이었다. 몇 년 전에 몇몇 연구자가 14미터에 가까운 쓰나미가 덮칠 수 있다고 지적했지만, 도쿄전력과 규제 기관은 이를 과도한 추측이라며 외면했다. 방파제에는 아무런 변화도 없었다. 게다가 지진 당시 가동된 세 기의 원자로에 설치돼 있던 디젤 발전기는 해안에서 가장 가까운 터빈 건물 지하에 있었다. 이 위치는 지진에는 가장 강했지만, 침수에는 가장 약했다. 낮은 방파제를 아무런 방해 없이 통과한 쓰나미는 그 부지를 침수시켰고, 열린 문과 환기 시스템의 지붕을 통해 터빈 건물로 들어갔다. 디젤 발전기는 침수되면서 가동을 멈췄다. 도쿄전력은 모든 달걀을 한 바구니에 넣은 셈이었다.

송전망이 손실되고, 디젤 발전기도 작동하지 못하는 상황에 대비해 안전 시스템 하나에 여덟 시간 동안 전원을 공급할 수 있는 배터리도 설치돼 있었다. 그중 일부 역시 물에 잠겨 사용할 수 없게 됐고, 결국 원전은 아흐레 동안 전기가 끊겼다. 물론 다중 안전 시스템이 필요하리라는 것을 예상했고, 소방차나 바지선 위에서 디젤 엔진으로 움직여 냉각수를 노심에 공급하는 펌프를 포함한, 백업의 백업도 마련돼 있었다. 그러나 원자로 용기 내부의 압력은 펌프가 만들어내는 압력의 거의 네 배에 달했다. 즉, 이 펌프들은 원자로 용기 내부의 압력이 낮아지지 않으면 보충수를 공급할 수 없었다. 원자로 용기 내부의 압력을 낮춰야 할 필요가 있을 때도 생각해 원자로 용기의 공기를 격납 건물로 배출하고, 격납 건물의 공기를 대기 중으로 배출하는 밸브도 설치돼 있었다. 그러나 이 밸브들을 움직이려면 전기 에너지가 필요했다.

한편, 잔인한 아이러니인데, 태평양에서 돌을 던지면 닿을 거리에 있는 세 기의 원자로가 냉각수 부족으로 멜트다운에 직면했다. 노심이 과열되고 멜트다운을 일으켜 연료가 녹을 때 대량의 수소가 발생할 것을 예상해 격납 빌딩의 수소를 몰아내는 시스템도 구비돼 있었다. 발전소가 가동되기 전에 격납 건물의 공기를 질소로 바꾸는 시스템도 설치돼 있었다. 손상된 노심에서 방출된 수소는 질소와 섞이는데, 이 상태에서는 산소가 없기 때문에 폭발하지 않는다. 그러나 사고 때문에 격납 건물 내부의 압력이 지나치게 높아지면서 질소가 유입될 수 없었다. 격납 건물 내부에는 수소와 산소의 양을 측정하고 필요한 경우 격납 건물에서 배출할 수 있는 설비가 있었지만, 원자로 건물에는 수소와 산소의 농도를 감시하는 설비가 없었다. 수소 가스는 격납 건물에서 새어나가 근처 원자로 빌딩으로 흘러들어갔고, 그 결과 원자로 건물 세 곳에서 폭발이 일어났다.

이런 모든 예상을 감안하면, 후쿠시마 원전에 대해 단 한 가지 놀라운 사실은 위험 관리가 체계적이지 않았다는 것이다. 재해가 일어나기 수년 전부터 위험 신호에 불이 들어와 있었던 것이다.

원자로 세 기가 멜트다운을 일으키면서 수만 명이 집을 버리고 대피해야 했는데, 그들은 당분간 돌아가지 못할 것 같다. 일본 경제연구센터는 2011년 7월 후쿠시마 재앙의 비용이 5조7000억~20조 엔(약 57조~200조 원—옮긴이)에 이를 것으로 추정했다. 여기에는 후쿠시마 원전에서 20킬로미터 거리에 살던 주민들에게 오염된 토지를 매입하는 비용 4조3000억 엔,

주민에 대한 피해보상비 6300억 엔도 포함돼 있다. 실제 비용이 이 범위의 하한선이 된다고 해도 몇 년 전에 신중하게 안전 대책에 투자하는 편이 훨씬 저렴했을 것이다.

전력망이 지진에 견딜 수 있도록 강화돼 있었더라면 전력 공급이 멈추지 않아 이 재해를 막을 수 있었을 것이다. 전원이 공급됐더라면 이미 구비된 기기를 사용할 수 있었을 것이다. 방파제가 쓰나미보다 높았더라면 안전 설비가 침수되지 않았을 것이고, 일반 전원, 백업 전원, 백업의 백업 전원이 유지돼 재앙을 막을 수 있었을 것이다. 디젤 발전기와 케이블이 다양한 높이에 설치돼 있었거나 냉각수가 필요 없는 공기 냉각식 발전기가 있었다면 이런 장비에 의해 일부라도 재해를 막을 수 있었을 것이다. 배터리의 일부라도 쓰나미 피해를 당하지 않는 곳에 구비되거나 여덟 시간 이상 지속됐다면 재해는 피할 수 있었을 것이다. 격납 건물 내 원자로 압력 용기 내부의 압력을 낮추는 장치가 구비돼서 디젤 구동 소화 펌프가 작동되었더라면 재해를 막을 수 있었을 것이다. 마지막으로 이 모든 것이 실패했을 때 필요한 명확한 계획이 있었더라면 재앙은 일어나지 않았을 것이다.

이 모든 방안의 비용은 5조7000억 엔을 초과할 것 같지만 그 모든 것을 다 갖추려고 돈을 쓸 필요도 없었고 가장 비싼 것을 갖추려고 할 필요도 없었다. 그런 개선책 중 가장 싼 것 하나에만 돈을 썼어도 됐었다. 알려진 위험에 대해 아무것도 하지 않은 것은 무책임하다. 그런 결정을 한 사람은 감옥으로 보내야 마땅하다.

후쿠시마 비극의 요인이 되는 모든 위험 요소는 수년 전부터 예견됐다. 원자력발전소는 성공적으로 건설되고 운영될 수 있다. 후쿠시마와 같은 심각한 사고가 끊이지 않는 것은 원전 소유자가 그런 위험이 발생할 가능성이 없는 척하고 있기 때문이다. 우리는 알지 못하는 위험 때문에 고전할 수 있지만 알려진 위험에 취약한 원전에 대해서는 아무런 변명도 할 수 없다. 이런 위험들을 막을 능력은 갖췄으니 의지를 가지고 그 능력을 제대로 쓰기만 하면 된다. 연구자들이 방파제보다 더 높은 쓰나미가 올 수 있다고 결론을 내렸을 때, 도쿄전력과 원전 규제 기관은 더 큰 방파제를 건설하고 비상 디젤 발전기의 위치를 재정비하고 믿을 만한 백업 설비들을 갖출 필요가 있는지 검토했어야 한다. 배터리는 여덟 시간만 지속되도록 설계돼 있었는데, 누군가는 아홉 시간째부터는 어떻게 되는지 의문을 제기했어야 한다. 그 대답이 '원점으로 돌아가 기적을 믿어라'였다면, 잘못된 것이다. 원전 소유자와 규제 기관이 알려진 위험보다 낮은 안전 기준을 설정할 수 있는 것은, 기적이 아닌 무엇인가가 구해줄 때뿐이다. 아무도 적절한 의문을 제기하지 않으면 우리는 비싼 대가를 치르게 된다.

후쿠시마 사고는 미국의 원전 안전에 어떤 영향을 미칠까. 미국 원자력규제위원회NRC를 비롯해 일각에서는 후쿠시마에서 일어난 사고가 미국에서는 발생할 수 없으리라고 주장한다. 그들은 틀렸다. 후쿠시마 사고 이전에, NRC는 사우스캐롤라이나의 원전이 4미터 침수될 가능성이 있다는 것을 알았다. NRC의 자체 위험 분석에 따르면, 침수가 발생할 경우 세 기의 원자로 중 하나가 멜트다운을 일으킬 확률이 100퍼센트라고 계산됐다. 이 예견된 위험에 대해 자료를 숨기는 것 외에는 아무런 노력도 없었다.

원전의 안전을 보장하는 것은 잘 갖춰진 방어 설비와 깊이 있는 백업의 백업이지만, 심각한 사고가 연쇄적으로 일어날 가능성은 과소평가되고 있었다. 원자력과 관련해서는 무슨 일이 일어나도 놀라울 게 없다. 유일하게 놀랄 일은 우리가 계속 놀라게 될 것이라는 점이다. 이번에는 다른 결과가 나오겠지 하면서 똑같이 반복하는 것은 미친 짓이다. 물론 그렇게 되진 않는다. 기술은 무자비하다. 후쿠시마가 더 높은 목표를 세웠더라면, 결과는 지금과 달랐을지도 모른다. 무고한 수만 명이 자기 집에서 자기 물건을 사용하면서 방해받지 않고 즐거운 삶을 살 수 있었을 것이다. 하지만 이번에는 그렇게 되지 않았다. 그들과 미래의 수백만 명의 무고한 잠재적 희생자를 위해 알려진 위험을 막는 일에 더 노력해야 할 것이다.

4

일본 국회 사고조사위원회의
조사 결과

사키야마 히사코

후쿠시마 제1원자력발전소 사고 이전의 일상은 회복되지 않는다. 국토의 약 10퍼센트가 원전에서 나온 방사성 물질에 오염됐고, 15만 명 이상이 피난했다. 채소, 생선, 심지어 마시는 물도 심각하게 오염됐다. 후쿠시마 제1원전의 모든 원자로 용기는 손상돼 방사성 물질을 계속 배출하고 있으며, 1, 2, 3, 4호기의 원자로 용기와 냉각 풀에 사용후 연료 676톤이 그대로 방치돼 있다. 가장 걱정되는 것은 4호기의 냉각 풀이다. 수소 폭발로 손상됐는데, 200톤 이상의 사용후 연료가 보관돼 있다. 이것이 붕괴되면 참사가 일어날 것이다(2014년 12월 20일 공용 풀로 이송이 완료됐다 — 옮긴이).

지진의 나라 일본에는 원자력발전소 54곳과 사용후 핵연료 2만 톤 이상이 있다. 그러나 후쿠시마 원전 사고가 일어날 때까지 일본인 대부분은 상황의 위험성을 인식하지 못했다. 그 이유 중 하나는 정부와 전력회사들이

미디어나 교육 시스템을 통해 원전의 안전 신화가 영원히 계속될 것처럼 얘기해왔기 때문이다.

문부과학성과 전력회사 들은 만약 국민이 극히 미량이라도 방사선에 노출될 수 있다고 의심하면 원전 정책을 추진할 수 없을 거라 생각했다. 2011년 3월 이전에는 초등학생용으로『두근두근 원자력 랜드』, 중학생용으로『도전! 원자력 월드』라는 교재를 배포했다. 그리고 원전은 안전하고, 단단한 암석 위에 건설됐으며, 쓰나미에도 견딜 수 있다고 가르쳤다. 후쿠시마 사고 이후, 그 교재들은 회수됐다.

사고 9개월 후 문부과학성은 초·중·고교생을 위한 교재를 새롭게 배포했다.『방사선에 대해 생각해보자』『아는 것부터 시작하자─방사선의 여러 가지』『알아두고 싶은 방사선』이었다. 문부과학성은 이 교재들의 목적이 방사선에 대한 기초 지식을 제공하기 위함이라고 주장하고 있지만, 이 교재들은 서론에서만 후쿠시마 사고와 방사성 물질 유출에 대해 언급하고 있을 뿐이다. 사고로 방출된 방사능의 종류와 양에 대해서는 아무런 정보도 없고, 오염된 지역의 지도 역시 게재돼 있지 않다. 중학교 교사를 위한 해설서에서는 100밀리시버트 미만의 방사선량은 질병을 일으킨다는 명확한 증거가 없음을 학생들에게 이해시키라고 권고하고 있을 뿐이다.

그러나 낮은 수준의 방사선이라도 암을 일으킬 수 있다는 증거가 있다. DNA의 복잡한 이중 가닥이 절단되면 복구 오류를 일으켜 돌연변이와 유전적 불안정을 낳고, 암을 유발한다. 1.3밀리시버트라는 낮은 수준에서도 이중 가닥이 절단될 수 있으며, 절단 수는 방사선량에 비례해 상승한다.

매우 신뢰할 만한 역학 연구의 하나인 원폭 피해자의 수명 조사에서는

8만6611명을 추적하고 있다. 이 연구에 따르면, 평균 피폭량은 200밀리시버트였으며 절반 이상이 50밀리시버트 이하를 나타냈다. 어느 정도가 위험이 없는지는 알아내지 못했다. 다른 연구에서는 저선량 피폭에서도 위험이 있음을 증명했다. 그 안에는 원전 작업원과 원전 인근에서 백혈병에 걸린 아이들도 포함돼 있다. 일본 정부와 방사선 전문가들이 저선량 방사선은 알려진 위험이 없다고 주장하지만, 이는 방사선이 암 이외의 질병을 일으킨다는 증거다. 따라서 후쿠시마 현 주민을 위해 정부가 정한 20밀리시버트라는 한계 선량은 주민의 건강, 특히 방사선에 민감한 유아와 어린이를 위험에 빠뜨리고 있다.

도쿄전력과 일본 전력사업연합FEPC의 내부 회의록을 보면, 도쿄전력 입장에서 가장 큰 위험은 잠재적 규제 강화에 따른 원전의 장기 정지다. 도쿄전력은 이를 막기 위해 원자력안전위원회NSC와 원자력안전보안원NISA, 문부과학성에 규제 완화를 위한 로비라는 가장 손쉬운 방법을 선택했고, 결국 성공했다.

일본 전력사업연합은 국제방사선방호위원회ICRP와 원자력안전위원회 전문가들에게 성공적으로 로비를 펼쳐 방사선 방호 기준을 완화시켰다. 불행하게도 일본의 많은 방사선 전문가는 자신이 속한 기관의 입장을 따르는 경향이 있다. FEPC의 자료에 따르면 그들의 로비 내용이 ICRP의 2007년 권고에 모두 담겼다. FEPC가 이런 결과를 얻기 위해 사용한 방법 중 하나는 ICRP의 회원이 국제회의에 참석할 때 여행 비용을 지원하는 것이었다. 그런데도 일본 ICRP 회원은 ICRP가 중립적이며 전력회사들의 이익을 대변하지 않는다고 주장한다. 한편 FEPC는 규제를 완화할 수 있는 연구만 장려하는 것에 집중하면서 방사선에 관한 연구도 감시하고 있다.

국회 사고조사위원회의 조사에서는 후쿠시마 현 주민 대부분이 요오드제를 복용하지 않은 것으로 밝혀졌다. 주민이 언제 요오드를 복용해야 하는지에 관해, 현지의 마을 대표가 권고받은 방법은 두 가지다. 원자력안전위원회에서 직접 받거나 후쿠시마 현 지사로부터 받을 수 있었다. NSC는 지역의 원자력 재해대책본부에 팩스를 보내 주민들에게 요오드를 섭취하도록 권고했지만, 그 팩스가 재해대책본부장에게 전달되지 않았다. 팩스는 사라졌고, 그것이 어디로 갔는지 지금까지 아무도 모른다. NSC는 후쿠시마 현에도 팩스를 보냈으나 3월 18일까지 아무도 알아채지 못했고, 결국 주민들은 피난해야 했다. 후쿠시마 현 지사는 재량껏 주민들에게 요오드를 복용하도록 권고해야 했으나, NSC의 권고를 기다리고 있었기 때문에 그렇게 하지 않았다. 일부 마을 대표는 요오드를 복용하라고 권고하기도 했으나, 다른 많은 대표들은 망설이면서 그렇게 하지 않았다. 정보가 전해지지 않았을 뿐만 아니라, 전문적인 의학적 조언도 없는 상태에서 부작용이 있다는 NSC의 경고를 많은 마을 대표가 두려워했기 때문이다. 알약은 가정마다 배포되지 않았고, 결국 1만 명 정도만 요오드를 복용하는 데 그쳤다.

이 조사에서 부각된 또 다른 문제는 '긴급 피폭 의료 체제'에 관한 것이다. 이것은 사고가 발생해 방사선에 피폭됐을 때 의료 서비스를 제공하고 비정상적인 방사선 상황에 노출된 사람들의 건강과 생명을 지키기 위해 만들어졌다. 방사능 의료기관은 모든 환자에게 필수 의료 서비스를 제공한다. 피폭이 심해 1차 의료기관에서 치료할 수 없는 경우, 환자는 2차 의료기관으로 이송돼 체내 오염을 측정하고 필요한 조치를 취한다. 여기서도 치료가 어렵다고 판단되면 3차 의료기관으로 보내진다. 3차 의료기관은 두 곳이며 서일본에는 히로시마 함대, 동일본에는 방사선의학종합연구소가 있다.

긴급 피폭 의료 체제는 그러나 방사성 물질의 대규모 확산 가능성을 고려하지 않았다. 사고 당시 후쿠시마에는 여섯 곳의 1차 긴급 의료기관이 있었는데, 그중 세 곳은 원전에서 반경 10킬로미터 내에 있었다. 이 병원 세 곳은 병원 직원도 환자도 모두 피난해야 했기 때문에 쓸모가 없었다. 그 지역의 일반 병원 세 곳도 병원 직원과 환자가 모두 피난해야 했으며, 피난 과정에서 환자 60명이 숨졌다. 조사해보니 전국에 있는 59개 1차 의료기관의 절반 이상이 원전에서 반경 20킬로미터 내에 있었다. 피난 구역에 있다는 얘기다. 게다가 1차나 2차 의료기관에서 수용할 수 있는 환자는 한두 명에에 불과했고, 3차 의료기관에서도 심각한 환자는 열 명 이상 수용할 수 없었다.

사고 직후 후쿠시마 현은 저선량 피폭의 장기적 영향을 알아보기 위해 건강 조사에 착수했다. 그 결과의 일부는 공개됐다. 18세 이하의 어린이에게 갑상선 초음파 검사를 실시했는데, 2011년 약 3만8000명이 검사를 받았고 그 가운데 186명에게서 5밀리미터 이상의 혹이나 20밀리미터 이상의 낭포가 발견됐다. 그 186명 중 3명은 갑상선암 진단을, 7명은 갑상선암 의심 진단을 받았다. 후쿠시마 건강 조사의 책임자인 야마시타 슌이치 후쿠시마 의대 교수에 따르면, 갑상선암은 보통 어린이 100만 명 중 1명꼴로 발병하므로, 사고 이후 갑상선암이 증가했다는 것을 확인할 수 있다.

저선량 피폭의 위험에 관한 끝없는 논쟁은 과학의 문제가 아니라 정치·

경제·사회의 문제다. 과학자는 과학적 사실을 전달해야지, 정부와 전력회사의 대변자가 되면 안 된다. 후쿠시마의 원자로 네 기는 손상됐고, 언제 어떤 방법으로 우리 주변에서 격리할 수 있을지 아무도 모른다. 일본은 분명 지진이 많은 나라이므로, 원자로의 완전 폐쇄를 서둘러야 한다. 일본 정부와 전력회사들은 현재 진행 중인 방사성 물질의 확산을 억제하고 피해를 멈추는 것을 최우선 과제로 삼아야 한다. 그들은 원전 정책을 앞장서서 추진했으므로 책임을 져야 한다. 또 일본 국민은 일본의 모든 원자로를 중지시켜야 할 책임이 있다. 2013년 9월 이후 원전을 가동하지 않고 있지만 전력 부족도 일어나지 않았다. 따라서 원전을 재가동할 이유는 없다.

방사성 세슘에 오염된 일본

스티븐 스타

핵기술이란, 말하자면 천상의 기술을 지상에서 손에 넣은 것과 같다. 핵반응이라는 것은 천체에서만 존재하는 것으로, 지상의 자연에서 실제로 존재하지 않았던 자연현상을 지상에서 이용한다는 것은 그 의미가 심각하다. 모든 생명에게 방사능은, 그것에 대해 전혀 방어할 준비가 안 돼 있는 위협이다. 방사능은 지상의 생명이 영위하는 원리를 교란하는 이물질이다. 지상의 세계는, 생물계도 포함해 기본적으로 화학물질에 의해 구성된다. 그리고 그 순환은, 기본적으로 화학물질의 결합과 분해라고 하는 화학과정의 범위 안에서 이뤄지고 있다. 핵문명은, 그렇게 파멸의 순간을, 언제나 시한폭탄처럼, 제 몸에 품은 채 존재하고 있다. 이 위기는 우리가 지금까지 경험했던 것과 전혀 다른 것이 아닐까. 그리고 지금, 그 시한장치의 째깍째깍하는 소리가 점점 커져 우리 귀에 들어오고 있는 것은 아닐까. _다카기 진자부로, 1986년 후쿠시마 제1원자력발전소의 파괴에 의해 대량의 고준위 방사성 동위원소가 방출돼 일본 본토가 극도로 오염됐다. 이들 방사성 핵종의 대부분은 반감기가 짧아, 며칠 또는 몇 개월 후에는 자연 붕괴하고 소멸한다. 그러나 불운한 많은 사람이 이 짧은 수명의 방사성 유해 물질을 흡입했으며, 이들은 건강에 심각한 문제를 안고 살아가게 될 것이다.[1]

이 재앙은 또한 빠르게 소멸하지 않는 방사성 핵종도 방출했다. 이 방사성 핵종은 일본의 오염된 생태계에 머무르면서, 복잡한 생태계를 피폭시켜 부정적 영향을 미칠 것이다. 그중에서도 가장 문제가 되는 것은 세슘137[2]이다. 이 물질이 특별히 중요한 이유는 체르노빌 원전 사고 이후에도 계속 자연 환경에 머무르고 있는, 가장 많이 방출된 수명이 긴 방사성 핵종이기 때문이다.

세슘137은 원자력발전소의 끔찍한 사고가 발생한 뒤 낙진으로 널리 퍼졌다. 원자로의 사용후 핵연료봉 내부에서 생성되는 흔한 핵분열 물질로, 비교적 낮은 온도에서 기체로 변하기 때문이다. 연료봉이 파열되거나 발화할 때까지 가열되는 사고가 일어나면 고농도의 방사성 세슘 가스[3]가 방출된다. 발화된 연료봉은 고농도의 방사성 연무와 '핫 파티클'(주로 알파 입자를 방출하는 방사성 미립자, 대부분 플루토늄의 미립자를 가리킨다 — 옮긴이)을 대기 중으로 방출한다. 그것들은 바람을 타고 확산된다.

세슘137은 지상의 생태계에 있을 때 가장 잘 응축된다. 낙진을 통해서나 하늘에서 비를 타고 떨어지면서 물이나 토양에 스며드는 식이다.[4] 세슘의 흔한 화합물은 수용성이 매우 높아 생물권에서 쉽게 이동하고 퍼져나간다. 그 결과 세슘137은 심각하게 오염된 생태계 어디에나 있게 된다.[5]

세슘은 칼륨과 같은 원자 가족으로, 화학적 특성도 비슷하다. 이것이 바로 세슘이 특히 위험한 이유다. 칼륨은 모든 생물에게 필요한 물질이고, 오염물질인 세슘도 함께 섭취될 것이 확실하기 때문이다. 세슘은 (칼륨과 함께) 주요 영양소로 토양에 재순환되는데, 이 과정에서 토양의 표층에 머무르는 경향이 있다.[6] 과학자들은 벨라루스, 우크라이나와 러시아는 물론, 유럽 곳곳을 오염시킨 세슘137이 생태계에서 완전히 사라지기까지 180년에서 320년은 걸릴 것으로 보고 있다.[7]

강한 방사능을 가진 핵분열 생성물과 천연 방사성 핵종

세슘137과 스트론튬90 등 원자력발전소와 핵무기에서 발생하는 핵분열 생성물은 인류에게 새로운 존재다. 이러한 방사성 핵종은 복잡한 생명체가 진화하는 동안 지구상에서 감지할 수 있을 만한 양이 존재하지 않았다. 이처럼 우리의 오감으로 파악할 수는 없지만, 그 핵종들은 우리에게 친숙한 그 어떤 독극물보다 수백만 배 강한 독성을 지니고 있다. 인간의 인식이나 이해가 미치지 못하는 낮은 농도에서 암, 백혈병, 유전자의 돌연변이, 선천성 결함, 기형, 유산을 초래한다. 원자나 분자 수준에서 치명적이다.

이런 방사성 핵종들이 내뿜는 방사선은 인간의 눈에는 보이지 않는 에너지를 가지고 있기 때문에, 불에 비유할 수 있다. 방사선은 인간의 조직을 태워 파괴한다. 그러나 화학 연료의 불과는 달리 방사선은 소멸시킬 수가 없다. 단일 원자의 붕괴에 의해 생기는 현상이기 때문이다.

방사능이라는 것은 일정한 시간에 얼마나 많은 방사성 원자가 붕괴하는지를 나타내는 용어다. 붕괴하는 비율과 그것이 만들어내는 에너지에 따라 방사능의 강도를 측정한다. 1베크렐은 1개의 원자가 1초당 붕괴(변환)하는 강도다. 1퀴리는 370억 베크렐에 해당되며, 초당 370억 개의 비율로 붕괴하는 방사성 물질의 양으로 정의된다.[8]

때로는 인간이 만들어낸 이런 방사성 핵종이 바나나나 다른 과일에 함유된 칼륨40과 같은 천연 방사성 핵종과 비교되기도 한다. 그러나 수명이 긴 천연 방사성 물질 대부분은 보통 인지할 수 있을 뿐 아니라, 매우 약한 방사성을 띠기 때문에 이런 비교 자체가 잘못되었다.[9] 칼륨40의 방사능은 1그램당 1000만 분의 71퀴리밖에 안 되지만, 세슘137은 1그램당 88퀴리, 스트론튬90은 1그램당 140퀴리의 방사능을 가진다.[10]

즉, 세슘137이 칼륨40보다 1200만 배 더 방사능을 가진다는 얘기다. 이것은 원자폭탄과 다이너마이트를 비교하는 것과 같다. 스트론튬90은 칼륨40보다 2000만 배의 방사선을 방출한다. 이것들 중 어떤 것이 바나나에 있는 게 좋을까.

현재의 방사선 피폭량 안전 기준은 체내에서 받는 전리 방사선 총량을 1년간의 선량으로 계산하는 수치 모델을 사용하고 있다. 이 모델은 기관이나 조직에 작용하는 전리 방사선량을 기관계 또는 조직 전체에 작용했다고 보고 평균화한다. 이런 방법은 기본적으로 방사선원의 강함을 무시하거나 고려에 넣지 않는 대신 조직이 받는 방사선의 총량에 초점을 맞추고 있다.[11] 즉, 이 수치 모델은 널리 퍼져 있는 천연 방사선이 주는 영향과, 고도의 농

약한 방사능을 띠는 천연 방사성 핵종
바나나 속의 칼륨40

칼륨40의 방사능 특성							
동위 원소	반감기 (년)	천연 존재율 (%)	비방사능 (Ci/g)	붕괴 양식	방사능 에너지(MeV)		
					알파 (α)	베타 (β)	감마 (γ)
K-40	13억	0.012	0.0000071	β, EC	–	0.52	0.16

비방사능比放射能 **=** **칼륨40의 방사능**

1그램당 0.0000071퀴리(Ci/g) = 1그램당 1000만 분의 71퀴리

아르곤 국립연구소 제공

표 5-1

축된 방사능원이 미치는 영향을 방출되는 에너지 총량이 동일하면 같다고 보는 것이다. 만약 큰 양동이에 담긴 따뜻한 물과 불타고 있는 작은 석탄 덩어리의 에너지 총량이 같다면, 따뜻한 물을 마시는 것과 석탄을 먹는 것이 똑같은 생물학적 영향을 미칠까.

인간이 만든 방사성 핵종: 핵분열 생성물

비방사능比放射能 = 방사능

세슘137 =
1그램당 88퀴리

사용후 핵연료 풀

주요 세슘 동위원소와 관련 방사성 핵종의 방사능 특성						
동위원소	반감기(년)	비방사능(Ci/g)	붕괴양식	방사능 에너지(MeV)		
				알파	베타	감마
세슘134	2.1	1300	β	–	0.16	1.6
세슘135	230만	0.0012	β		0.067	–
세슘137	30	–	β	–	0.19	–

스트론튬90 =
1그램당 140퀴리

주요 스트론튬 동위원소와 관련 방사성 핵종의 방사능 특성						
동위원소	반감기(년)	비방사능(Ci/g)	붕괴양식	방사능 에너지(MeV)		
				알파	베타	감마
Sr-90	29	140	β	–	0.20	–

아르곤 국립연구소 제공

표 5-2

세슘137의 독성

1제곱킬로미터의 땅에 축적된 세슘137의 양은, 많은 방사선량 때문에 그곳에서 사람이 일하거나 사는 것이 불가능한지 여부를 판단하는 기준이 될 수 있다. 세슘137의 맹독성을 이해하려면, 넓은 땅을 100년 넘게 사람이 살 수 없도록 하는 데 얼마나 적은 양으로도 충분한지 생각해보면 된다.

체르노빌 원전 파괴로 오염된 대지는 1제곱킬로미터당 방사선량의 퀴리 단위에 따라 구분된다. 세슘137에 의해 1제곱킬로미터당 15퀴리 이상의 수준으로 오염된 지역은 엄격한 방사선량 통제 수단이 마련돼 있다. 이런 지역은 미국 뉴저지 주 면적의 절반에 가까운 1만 제곱킬로미터에 이를 정도로 넓다.[12]

파괴된 체르노빌 원전 주변의 280제곱킬로미터에 이르는, 사람이 살 수 없는 출입 금지 구역의 방사능 수치는 1제곱킬로미터당 40퀴리 이상이다.

세슘137 1그램의 방사능이 88퀴리라는 것을 다시 생각해보자. 세슘137 0.33그램 정도의 소량이 연무나 가스 형태로 1제곱킬로미터에 균등하게 분산되면 그 지역은 방사능 출입 금지 구역이 된다. 미국의 10센트 동전보다 가벼운 2그램 미만의 세슘137을 방사성 가스나 연무 형태로 2.5제곱킬로미터 범위에 퍼뜨리면 그 구역은 방사능 출입 금지 구역이 돼 100년에서 200년 동안 사람이 살 수 없게 된다. 예를 들어 3.4제곱킬로미터 정도인 뉴욕의 센트럴파크는 2그램 미만의 세슘137로도 10년 이상 사람이 살 수 없는 곳이 돼버린다.

믿기 어려운가. 이런 핵 독극물은 원자 수준에서 치명적임을 기억하라. 세슘137 1그램(4.39×10^{21} 원자) 안에는 세계 모든 해변의 모래알과 비슷한 수만큼의 원자가 있다. 이것은 세슘137 1그램이 2.5제곱킬로미터 범위에 균등하게 퍼지면 0.8제곱미터당 1420조(1.42×10^{15}) 개의 세슘137 원자가 있게 된다는 얘기다. 파괴된 원자로 안에 있는 연료봉에서 최근 방출된 세슘137은 0.8제곱미터 범위마다 1초에 10만 번 붕괴한다. 초당 붕괴하는 원자의 수는 세슘137이 자연 붕괴함에 따라 천천히 줄어든다.

그래프 5-3은 인디언 포인트 원자력발전소의 사용후 핵연료 속에 약 1억 5000만 퀴리에 이르는 방대한 세슘137이 저장돼 있음을 나타낸다. 이 원

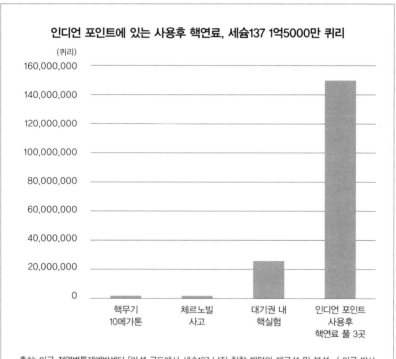

인디언 포인트에 있는 사용후 핵연료, 세슘137 1억5000만 퀴리

(퀴리)

- 160,000,000
- 140,000,000
- 120,000,000
- 100,000,000
- 80,000,000
- 60,000,000
- 40,000,000
- 20,000,000
- 0

핵무기
10메가톤

체르노빌
사고

대기권 내
핵실험

인디언 포인트
사용후
핵연료 풀 3곳

출처: 미국 전염병통제예방센터 「마셜 군도에서 세슘137 낙진 침착 패턴의 재구성 및 분석」 / 미국 방사선방호측정위원회, 「환경 속의 세슘137 보고서」, 2007년 9월 / 원자력에너지협회, 「미국 원자로의 사용후 핵연료」, 2011년 12월 / 미국 원자력규제위원회, 「대표적인 상용로의 정상 작동 종료 전 사용후 핵연료 집합체의 특징」, 2007년 5월

그래프 5-3

전은 뉴욕에서 75킬로미터밖에 떨어져 있지 않아 방사능 구름이 도달할 수 있다. 미국의 상업용 원전 104개 대부분이 사용후 핵연료 풀에 1억 퀴리 이상의 세슘137을 보관하고 있다. 세슘137 1억5000만 퀴리는 세슘137 약 1.7톤과 같다. 이 양은 후쿠시마 제1원전의 손상된 원자로 근처에 있는 사용후 핵연료 풀에 보관된 것보다 몇 배 더 많다.

일본 본토의 세슘137
오염 확산

2011년 3월 11일 지진과 쓰나미가 발생한 뒤 며칠 만에 후쿠시마 제1원자력발전소의 원자로 1, 2, 3호기가 모두 멜트다운을 일으켜 철로 된 원자로 용기의 밑을 녹여버렸다는 사실이 지금은 널리 알려져 있다. 그러나 멜트다운 등이 발생한 사실을 도쿄전력과 일본 정부가 공개한 것은 사고 발생 후 두 달이 지난 2011년 5월이었다. 이 두 달 동안 도쿄전력은 원자로의 "멜트다운을 막기 위해 노력하고 있다"는 말을 반복했고, 이에 대해 일본 정부는 반박하지 않았다.[13]

멜트다운이 발생한 직후 막대한 양의 고농도 방사능 가스와 연무가 방출됐다. 원자로에서 초기에 나온 방사성 물질의 80퍼센트 정도는 일본에서 태평양 쪽으로 날아갔다고 추정되지만, 나머지 20퍼센트는 일본 본토로 퍼졌다.

3월 11일, 미국 국가핵안보국NNSA은 항공 계측 시스템 NA-42의 사용을 일본 정부에 요청했다. 로렌스 리버모어 국립연구소의 국립 대기방출권고센터NARAC도 대기 모델링 예상치를 제공하기 위해 움직였다. 미국의 기술 협력 덕분에, 로렌스 리버모어는 손상된 원자로에서 내뿜는 방사선 플럼(방사성 물질을 포함한 구름—옮긴이)에 관해 적시에 상세한 추정치를 알아낼 수 있었다. 일본 정부는 아마도 이를 제공받은 것 같다.

로렌스 리버모어의 과학자들은 2011년 3월 14일, 명료한 이미지가 포함된 컴퓨터 모델의 파워포인트를 공표했다. 높은 방사능을 띤 방사성 플럼이

후쿠시마 제1원전 사고의 방사능 오염 지도

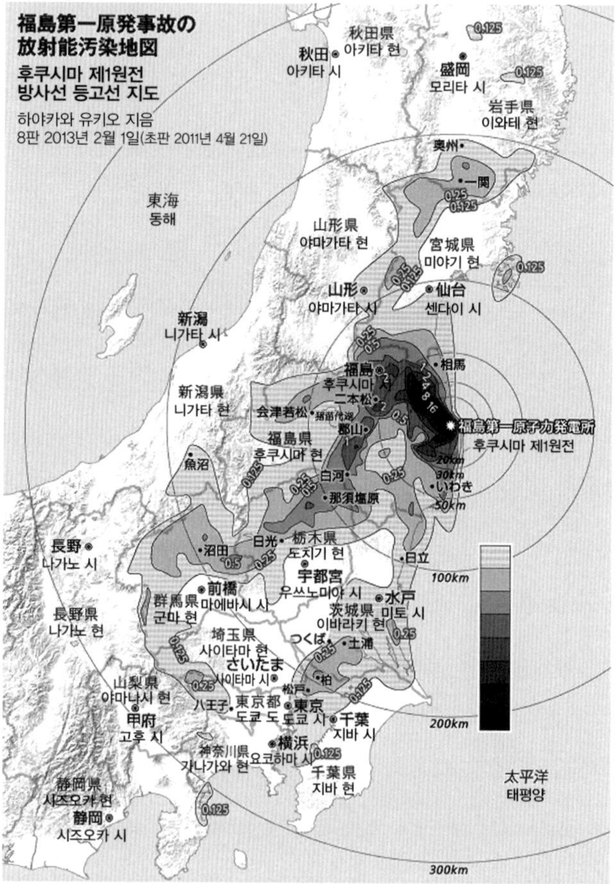

福島第一原発事故の 放射能汚染地図
후쿠시마 제1원전 방사선 등고선 지도
하야카와 유키오 지음
8판 2013년 2월 1일(초판 2011년 4월 21일)

지도 5-4

후쿠시마에서 남쪽의 도쿄 수도권으로 흐르고 있었다. 방사성 플럼이 지나간 모든 지역이 오염됐지만, 가장 심각한 지역은 수도권 밖의 비가 내린 곳이었다.[14]

재해 발생 8개월 후 문부과학성은 낙진을 상세하게 나타낸 지도를 발표했는데, 일본 본토의 13퍼센트에 달하는 3만 제곱킬로미터가 세슘137에 오염된 것으로 밝혀졌다. 공식 지도에는 수도권이 세슘137에 오염됐다는 표시가 없었다. 그러나 같은 시기에 군마대 하야카와 유키오 교수가 실시한 비공식 조사는 달랐다. 일본 정부와 도쿄전력이 후쿠시마에서 멜트다운이 발생했다는 것을 2개월 동안 부정했다는 사실을 고려하면, 모든 공식 데이터는 의심해볼 필요가 있다.

공식 데이터를 보면 미국 코네티컷 주 전체와 비슷한 1만1500제곱킬로미터의 지역에서 일본의 기존 연간 피폭 허용량인 1밀리시버트를 넘었다.[15] 일본 정부는 이 지역의 피난을 결정하는 대신 연간 피폭 허용량 기준을 1밀리시버트에서 20밀리시버트로 20배 높였다.

일본 정부는 광대한 오염지역의 피난 상황을 회피할 수 있었지만, 손상된 후쿠시마 원자로 인근 500여 제곱킬로미터에 이르는 지역은 사람이 살 수 없는 지역으로 지정될 만큼 심각하게 오염됐다. 2011년 5월 16만 명 이상이 먼저 이 방사능 출입 금지 구역에서 쫓겨났다.[16] 같은 해 10월 기준으로 약 8만3000명이 집을 잃고, 재산과 직업도 잃은 채 약간의 배상금으로 피난생활을 하고 있었다.[17]

전리 방사선에 의해 증대하는
외부 피폭과 내부 피폭에 따른 건강 위험

'1년에 20밀리시버트까지 방사능에 노출돼도 괜찮다'는 일본인에게 늘어난 건강 위험은 무엇일까? 핵자료정보서비스NIRS와 '사회적 책임을 다하는 의사회PSR'에 따르면, 연간 20밀리시버트라는 것은 1년간 흉부 X선을 약 1000번, 즉 매일 흉부 X선을 3번 촬영하는 양에 해당된다.

NIRS와 PSR은 미국 과학아카데미의 데이터를 바탕으로 평생 20밀리시버트에 피폭되면 여섯 명 중 한 명에게 암이 발생한다고 말하고 있다.[18]

미국 과학아카데미가 발표한 데이터를 기반으로 구성된 표에 대해서도 검증해보자. 그래프 5-5에서는 수평 X축에 0세부터 노년에 이르기까지의 나이를, 수직 Y축에 각 연령대에서 10만 명의 피험자 중 암에 걸린 인원을 나타낸다. 연간 20밀리시버트의 피폭량은 안전하다고 알려져 있는 점에 주목하길 바란다. 이 양에 피폭된 결과 각각의 나이의 피험자 그룹 10만 명 중 여자 유아가 암에 걸리는 사례는 1000건, 남자 유아가 암에 걸리는 사례는 500건 증가하고, 30대 남성의 경우는 100건 이상 늘어났다.

아이들, 특히 여아는 방사능에 기인한 암에 걸릴 위험이 가장 높다. 실제로 30세 남성보다 여자 유아의 경우는 일곱 배, 5세 여아의 경우는 다섯 배더 위험하다. 현재 방사능 안전 기준은 실제로 20~30세의 표준인을 준거로 하고 있는데, 이는 유아와 어린이에 대한 영향을 과소평가하는 것이다.[19]

밀리시버트를 산출하기 위해 사용된 방법의 정확성에 대해서는 큰 논란이 있다. 특히 어디에서 전리 방사선에 피폭됐는지에 의해서, 즉 체외에서

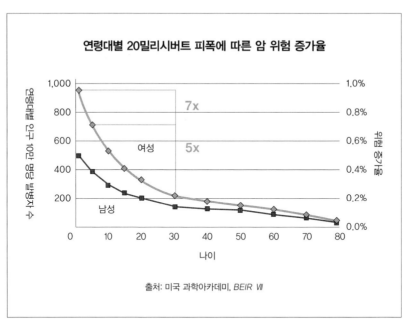

그래프 5-5

피폭하는 경우와 소화되거나 흡입되거나 흡수되거나 한 방사성 입자의 주변 세포가 오랫동안 체내 피폭된 경우의 생물학적 영향을 어떻게 정확하게 결정하느냐에 대해서 논의가 이어지고 있다.

국제방사선방호위원회ICRP의 방사선 모델을 사용해 작성된 위험 요인은 일본 원폭 생존자에 대한 연구를 기초로 만들어졌다. 그들은 균일하고, 고선량이며, 단기간에 주로 감마선에 피폭됐다. ICRP 모델은 이런 위험 요인들이 균일하지 않고, 저선량이며, 전리 방사선에 내부 피폭된 경우에도 적용할 수 있는 것으로 가정하고 있다. 또 ICRP 기준은 치명적인 암에 대해 언급하고 있으며, 거기에는 치명적이지 않은 암과 유전적 영향에 대한 추가

요소도 포함하고 있다. 그러나 심장 혈관에 미치는 영향 등 암 이외의 영향은 포함되지 않았다.[20]

피난 구역을 결정할 때 사용된 기준은 밀리시버트(1밀리시버트=1000분의 1시버트)였다. 이것은 퀴리나 베크렐처럼 방사선량으로 측정된 것이 아니다. 시버트는 전리 방사선의 생물학적 영향을 나타낸다. 측정된 흡수 선량을 유효, 등가 또는 체내의 예탁 유효 선량으로 변환할 때 쓰는 수치 모델에 기초해 파상된 숫자다.[21]

측정된 흡수 선량조차도 중요한 추정을 포함하고 있다. 흡수 선량은 신체의 한정된 부분, 즉 장기 등 한 덩어리의 조직이 받은 에너지의 축적을 평균화한 것으로, 그 조직별 에너지 분포는 고려되지 않았다. 바꿔 말하자면 흡수 선량이 내포하는 의미는, 이런 평균화 절차가 현실적인 피폭 기준의 적용(기준치 인상―옮긴이)을 고려할 때 중요한 근거가 된다는 점이다.[22] 이런 접근은 칼륨40과 같은 약한 동위원소와 세슘137과 같은 강력한 방사성 핵종을 동일시하는 생각이다. 원자나 분자 수준에서의 생물학적 작용을 다룰 때는 이처럼 과도하게 단순화한 가정은 피해야 한다.

생물 농축과 생체 내 축적을 통해 늘어나는 세슘137의 내부 피폭

체르노빌과 후쿠시마 주변의 오염된 땅에서 내부 피폭이 발생하는 주된 경로는 세슘137에 오염된 음식 섭취다. 세슘137은 동물과 식물 속에 축적되는 경향이 있다.[23] 세슘137의 생물학적 반감기는 110일이다. 세슘137은 먹거나 흡입하거나 흡수한 뒤 110일이 지나면 그 절반이 체외로 배출된다는 의미다. 다른 산업 독극물처럼 세슘137은 섭취하는 것보다 빠르게 배출되지 못하기 때문에 계속 축적되고, 일상적으로 섭취하는 식물과 동물의 오염 농도는 높아진다.

세슘137은 먹이사슬의 계층이 높아짐에 따라 생물학적으로 농축되는 경향이 있다. 즉, 포식하는 쪽의 종에게 오염이 점점 심해진다는 것을 의미한다. 이러한 성질은 DDT(살충제)와 같은 산업 독극물에서도 볼 수 있었다. 그 농축은 먹이사슬의 밑바닥에서 꼭대기까지 100만 배 차이가 난다.

따라서 오염지역의 음식 대부분은 세슘137을 포함하는 경향이 있다. 버섯과 딸기처럼 원래 칼륨을 많이 포함하는 것에는 고도로 농축돼 있는 경우가 많다. 먹이사슬의 높은 단계에 있는 동물에게서 얻는 유제품이나 고기에도 고도로 농축돼 있는 경향이 있다.

방사선 안전 기준을 책정하는 ICRP는 세슘137이 인체에 생물학적으로 축적된다는 것을 인식하고 있다. ICRP가 발표한 그래프 5-6은 세슘137을 한 번에 섭취하고 1000베크렐을 한 번에 피폭하는 경우와 10베크렐씩 매일 섭취하는 경우를 비교한 것이다. 일단 피폭의 경우 세슘137의 절반이 110일 후에 몸 밖으로 배출되는 것에 주목할 필요가 있다.

세슘137을 매일 10베크렐 섭취할 경우 체내의 총 방사선량은 500일 후까지 계속 증가하며, 이때 체내에서 측정된 총 방사선량은 1400베크렐을 웃돈다.

체내의 베크렐 수는 셀 수 있다. 세슘137은 붕괴할 때 감마선을 배출하

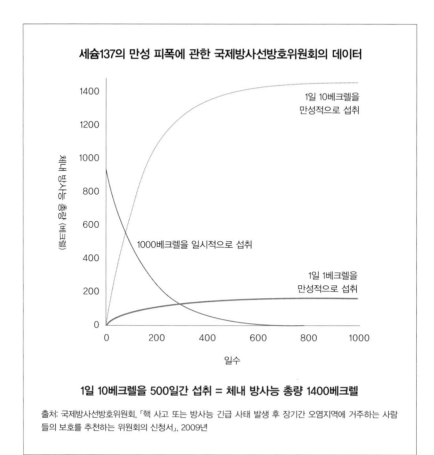

세슘137의 만성 피폭에 관한 국제방사선방호위원회의 데이터

체내 방사능 총량(베크렐)

1일 10베크렐을
만성적으로 섭취

1000베크렐을 일시적으로 섭취

1일 1베크렐을
만성적으로 섭취

일수

1일 10베크렐을 500일간 섭취 = 체내 방사능 총량 1400베크렐

출처: 국제방사선방호위원회, 「핵 사고 또는 방사능 긴급 사태 발생 후 장기간 오염지역에 거주하는 사람들의 보호를 추천하는 위원회의 신청서」, 2009년

그래프 5-6

는데, 이 감마선은 몸에서 빠져 나가기 때문에 전신방사선측정기로 측정할 수 있다. 체중 70킬로그램 성인의 총 방사선량이 1400베크렐인 경우 체중 1킬로그램당 방사선량은 20베크렐에 해당된다. 총 방사선량이 동일한 경우, 체중 20킬로그램의 어린이는 1킬로그램당 70베크렐이 된다. ICRP는 이 연구에서 조사한 피험자의 평균 연령과 평균 체중을 명기하고 있지 않지만,

원자력 업계가 정한 안전 기준에서는 이 수준에서의 소위 저선량 방사능의 만성 피폭이 인간의 건강에 아주 위협적이라고는 보지 않는다.

ICRP는 이 논문에서 전신방사능 1400베크렐은 연간 0.1밀리시버트의 피폭과 같은 수준이라고 밝혔다. 이 수준에서의 체내 흡수선량을 밀리시버트로 변환하기 위해 방사선 보건 물리학자가 사용하는 ICRP의 방사능 모델에서는 그런 저선량 피폭에 의한 심각한 건강 위험을 예측하고 있지 않다. 이 모델은 그 10배 수준의 피폭도 안전하다고 예측하고 있다.[24]

인체에 축적되는 세슘137

그러나 이 수준의 '저선량' 방사능을 섭취하는 것은 특히 유아와 어린이에게 해롭다는 명백한 증거가 있다. 유리 반다젭스키 박사와 그의 동료와 학생들이 1991년부터 1999년까지 벨라루스에서 실시한 연구는 체중 1킬로그램당 10베크렐에서 30베크렐의 방사선 전신 피폭과 심장 박동 이상의 상호 관계를 밝혔다. 또 체중 1킬로그램당 50베크렐 수준의 방사선을 받으면 심장 및 기타 중요한 장기 조직에 돌이킬 수 없는 손상이 쉬이 발생한다는 것을 알아냈다. 이 발견은 2003년 스위스의 의학 잡지에 처음으로 발표됐다.

반다젭스키 박사의 핵심 발견 중 하나는 세슘137이 췌장이나 간, 창자뿐 아니라 내분비선이나 심장 조직에서도 생물 축적을 하는 것이었다. 이 발견은 체내 피폭량에서 밀리시버트를 계산할 때 현재 사용되고 있는 근본적인 가정의 하나인 '세슘137은 인체 조직에 균일하게 분산된다'는 것에 반되는 것이다.

반다젭스키의 '소아의 장기에서 일어나는 세슘137의 장기적 결합'[25]은 (해부된) 유아 6명의 장기 13개를 비교하고 있다. 다른 장기나 조직의 20배에서 40배에 달하는 매우 높은 수준의 방사능이 췌장·갑상선·부신·흉선·심장·창자벽에서 발견됐다.

반다젭스키 박사는 그의 9년 동안의 연구를 논문 「방사성 세슘과 심장」으로 정리했다. 공식 번역과 출판은 이뤄지지 않았는데, 주요 이유는 그가 이 논문을 벨라루스 의회에서 발표한 직후 즉석에서 체포돼 뇌물 수수 혐의로 수감됐기 때문이다. 그러나 증거도 없었다. 정부 당국은 반다젭스키가 학장으로 있던 고멜 의과대학으로 가서 그가 9년 동안 연구하며 축적해놓은 슬라이드와 샘플들을 파괴했다. 또한 그와 함께 연구한 직원은 사실상 모두 해고됐고, 그중 일부는 기소됐다. 그 대신 새로 온 학장은 반다젭스키의 연구를 비난했다.

반다젭스키는 감옥에서 풀려난 뒤에도 집에 연금됐다. 자신의 연구 성과를 지키기 위해 「방사성 세슘과 심장」을 쓴 것이 이 시기였다. 아마도 머지 않은 장래에 다시 오랜 기간 감옥에 수감되리라 예감했을 것이다. 그후 그는 4년 동안 정치범 수용소에 보내져 고문을 받았다.[26] 소련 의사들이 체르노빌 사고 이후 방사능에 의한 질병의 진단을 금지당한 것처럼, 그의 연구도 벨라루스 정부에 의해 억압당했다. 세슘137에 심각하게 오염된 땅에 국민을 유지시키고 재정착시키려는 정부의 노력에 저항하는 것이었기 때문이다.(벨라루스 국민의 23퍼센트가 체르노빌 낙진으로 오염돼 있었다.)

「방사성 세슘과 심장」에서 반다젭스키는 아이들의 체내 세슘137의 양과 심장 기능의 상관관계도 밝혔다. 그는 벨라드 방사능 안전 연구소와 공동으로, 벨라루스의 어린이들에게 12만5000회 이상의 전신 계측을 실시하고 어린이마다 체내에 섭취한 세슘137의 양을 측정했다. 1996년부터 1999년까지의 이런 의료 검사에서 체중 1킬로그램당 50베크렐 이상의 세슘137이 축적된 어린이에게서 심혈관계·신경계·내분비계·면역계·생식계·소화계·배설계에 병적인 변화가 확인됐다.[27]

벨라루스에서는 너무 많은 아이가 방사능에 오염돼 있었기 때문에, 세슘137이 생물 축적되지 않은 아이를 찾기가 어려웠다. 이것은 일반적인 식재료가 얼마나 오염됐는지를 보여준다. 그래프 5-7은 체중 1킬로그램당 10베크렐 이하의 어린이들만 심전도ECGs가 정상이라는 것을 나타낸다. 체중 1킬로그램당 11~37베크렐인 경우 35퍼센트만 정상이었다. 체중 1킬로그램당 37~74베크렐이면 20퍼센트, 74~100베크렐이면 11퍼센트에 불과했다.

그래프 5-8은 1997년 한 해 동안 실시된 100명의 검시 해부 결과의 평균값을 가리키는데, 논문 「방사성 세슘과 심장」에 실려 있다. 세슘137이 매우 높은 농도로 갑상선에 농축된 것을 주목하자. 우리가 갑상선에 농축되는 방사능 요오드에 대해 걱정하는 동안 반다젭스키 박사의 연구는 세슘137이 갑상선암을 일으키는 주요 원인이라는 것을 밝혀냈다.

현재 받아들여지는 세슘137에 관한 의학적 및 법적 이해는 세슘137이 인체 조직에 '거의 균일하게 분산돼' 존재한다는 것인데, 나는 이것을 다시 지적하고 싶다. 반다젭스키가 분석한 검시 해부된 인체 조직 샘플은 분명 이 사례에 맞지 않는다는 것을 나타내고 있다. 인체에 섭취된 방사성 핵종이 어떤 작용을 하는지 알기 위해서는 이 새로운 이해를 포함시킬 필요가

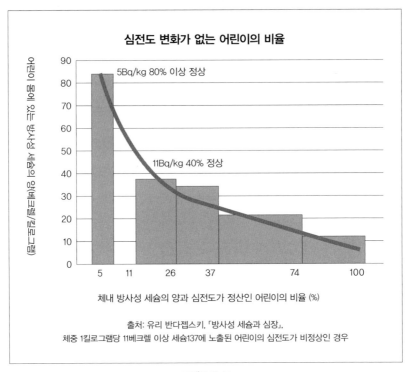

심전도 변화가 없는 어린이의 비율

세로축: (오염 없는 비교 대상과 비교한 어린이 비율)

5Bq/kg 80% 이상 정상

11Bq/kg 40% 정상

가로축: 5 11 26 37 74 100

체내 방사성 세슘의 양과 심전도가 정상인 어린이의 비율 (%)

출처: 유리 반다젭스키, 「방사성 세슘과 심장」,
체중 1킬로그램당 11베크렐 이상 세슘137에 노출된 어린이의 심전도가 비정상인 경우

그래프 5-7

있다.

벨라루스에는 세슘137에 심각하게 오염된 땅에서 200만 명이 살고 있다. 이 오염된 땅에 살고 있는 벨라루스의 어린이 중 건강한 아이는 20퍼센트에도 못 미친다. 1986년 체르노빌 원전 폭발 사고가 있기 전에는 85~90퍼센트가 건강했다.[28] 사고 14년 후 고등학교를 졸업한 아이들 중 45~47퍼센트가 위장 이상, 심장 쇠약, 백내장을 포함한 신체 기능의 부진을 호소했고, 40퍼센트가 만성적인 혈액 질환 및 갑상선 기능 불량으로 진단됐다.[29] 벨라루스의 사망률은 1986년 이후 크게 상승했다. 반면 출산율은 떨어졌다.

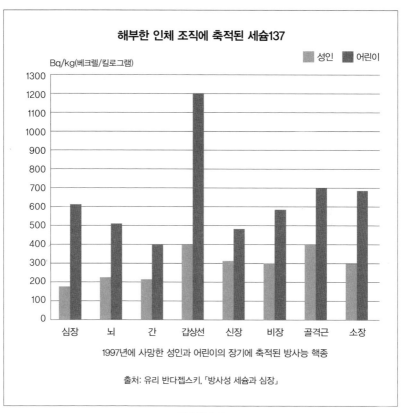

해부한 인체 조직에 축적된 세슘137

성인 ■ 어린이

Bq/kg(베크렐/킬로그램)

1997년에 사망한 성인과 어린이의 장기에 축적된 방사능 핵종

출처: 유리 반다젭스키, 「방사성 세슘과 심장」

그래프 5-8

체르노빌 재앙으로부터 25년이 지났지만, 우크라이나의 오염지역도 비슷한 결과로 고통받고 있다. 우크라이나 국가방사선방호위원회 부위원장 니콜라이 오멜랴네츠 박사는 우크라이나 사람들의 기대 수명은 감소하고 있으며, 인구는 700만 명 감소했다고 밝혔다. 2006년 인터뷰에서 박사는 "사고 후 만성 방사능 피폭에 따라 영아 사망률이 20퍼센트에서 30퍼센트로 올랐다. (…) 이 사실은 국제원자력기구와 세계보건기구에서도 무시되고 있다.

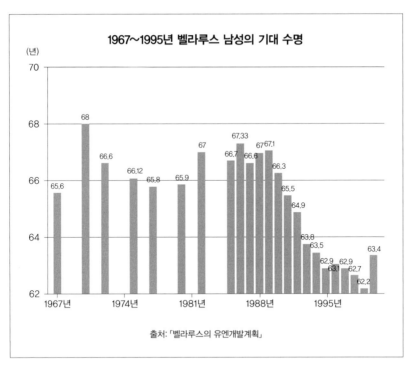

1967~1995년 벨라루스 남성의 기대 수명

(년)

출처: 「벨라루스의 유엔개발계획」

그래프 5-9

두 기구에 지난해 3월과 6월에 정보를 전달했다. 그들은 이 정보를 받아들이지 않는 이유를 밝히지 않았다."[30]

우크라이나 방사선의학연구센터의 예브게니야 스테파노바 박사는 2006년 다음과 같이 말했다. "우리는 WHO의 데이터에 기록되지 않은 갑상선암·백혈병·유전자의 돌연변이들에 둘러싸여 있다. 20년 전에는 전혀 알려져 있지 않았던 것이다."[31] 2011년 스테파노바 박사는 우크라이나의 오염된 지역에서 건강한 것으로 추정되는 어린이는 5~10퍼센트에 지나지 않으며, 어린이 대부분은 다양한 만성 질환을 앓고 있다고 말했다.

인간의 건강에 미치는 영향

파괴된 후쿠시마 원전에서 높은 수치의 방사능에 노출된 노동자들은 심각한 병에 걸릴 것으로 보인다. 체르노빌 사고의 확산을 막고 오염을 제거하기 위해 일한 사고 처리 작업자 83만 명 중 90퍼센트가 그랬다. 러시아 정부가 발표한 수치에 따르면 적어도 74만 명의 사고 처리 작업자가 병들었다. 그들은 빨리 노화했고, 다양한 형태의 암, 백혈병, 신체적·신경정신적 질병이 평균 이상으로 발병했다. 그들 대부분은 백내장을 앓았다. 암은 발병할 때까지 잠복기가 길기 때문에 앞으로 몇 년 동안 그들 사이에서 암에 걸리는 사람의 수는 현저하게 증가할 것이다. 개별적인 연구들에 따르면 11만2000명에서 12만5000명의 사고 처리 작업자가 사망할 것으로 추정됐다.[32]

유엔 방사선영향과학위원회UNSCEAR에 따르면, 체르노빌 재앙 이후 그 일대에서 1만2000명에서 8만3000명의 아이가 선천성 기형으로 태어났다. 그 체르노빌 1세대에 나타난 것은 예상되는 전체 장애의 10퍼센트에 지나지 않는다.[33] 2012년 4월과 5월, 후쿠시마 현에 인접한, 오염이 심각한 미야기·군마·도치기·이바라키 네 곳에서는 사산율 및 영아 사망률의 현저한 상승(51퍼센트)이 나타났다.

방사성 세슘에 심각하게 오염된 토지에 지금도 많은 일본인이 살고 있다. 그 땅에서 지금도 식재료를 재배, 수확하고 있다. 태평양으로 대량의 방사성 물질이 지속적으로 누출돼 일본의 전통 음식 재료인 해산물을 광범위하게 오염시키고 있다. 오염된 식품을 일상적으로 섭취하는 오염지역에 사는 일본의 아이들은 똑같이 세슘137에 오염된 대지에 사는 벨라루스와 우크라이나의 유아, 아동 및 청소년들과 같은 종류의 건강 문제를 안게 될 위험에 놓여 있다.

오염된 식품을 일상적으로 섭취하는 아이들은 위험에 노출된다는 것을 반드시 인식해야 한다. 이를 고려한다면 원자력 산업계가 만성적 내부 피폭과 전리 방사선에 의한 심각한 건강 피해에 대해 어떤 예측도 하지 않고 현재 사용 중인 전리 방사능 '안전' 표준을 수정하거나 대체해야 한다. 벨라루스·우크라이나·러시아의 아이들 대부분에게 나타나는 건강의 위험을 인식하고 예측해 새로운 안전 기준을 만들어야 한다. 이 아이들 대부분이 이른바 저선량 방사선에 오염된 음식을 섭취하며 살아가야 하기 때문이다.

아울러 이처럼 독성이 강한 핵 독극물을 지구 생태계에 방출하는 원자력 재해를 더 이상 일으키지 말아야 한다. 모든 원자력발전소에 보관돼 있는 '사용후' 핵연료 속에도 여전히 존재하는 방대한 양의 수명이 긴 방사성 핵종을 생각하면, 이것은 시급한 과제다.

원자력발전소에 의해 만들어진 수명이 긴 방사능 핵종은 '안전'하지도 '청정'하지도 않다. 물을 끓여 그 증기로 전기를 발생시키기 위해 꾸준히 핵 독극물을 만들어낸다는 것은 나쁜 아이디어였다.[34] 매년 수만 톤의 핵 독극물을 만들어내는 원자력발전소를 즉시 멈춰 세워야 한다. 그 핵 독극물은 3000세대에 걸쳐 영향을 미치는 독의 유산이다.

가장 중요한 것은, 우리가 이미 만들어낸 30만 톤 이상의 고농도 핵폐기물을 생물권에서 안전하고 영구적으로 제거하는 방안을 온 힘을 다해 찾지 않으면 안 된다는 점이다. 이 치명적인 독극물은 적어도 10만 년에서 100만 년 동안 생태계에서 격리돼야 한다. 만약 영구적인 격리에 실패한다면 언젠가는 이 핵 독극물들이 인류와 다른 많은 먹이사슬 위에 있는 생명체들의 존재를 위협할 것이다.

세계는 후쿠시마 사고에서
무엇을 배웠는가

마쓰무라 아키오

나는 유엔 등 국제기구에서 40년 동안 종사했다. 1974년 부쿠레슈티에서 개최된 유엔 인구 회의를 시작으로 많은 국제회의를 준비했고 그들 회의에 참석해왔다. 수년 동안 인구·환경·사회·경제 문제는 물론, 군축·여성·어린이·민주주의 등 21세기의 전형적인 주제를 다룬 공식 혹은 비공식 논의에도 함께해왔다. 그러나 원자력발전소에서 발생한 하나의 사고가 앞으로 수백 년 동안 어떻게 우리 삶에 영향을 미칠지, 또 사용후 핵연료봉을 10만 년 동안 보관할 수 있는 영구적인 핵폐기물 저장 시설이 부족한 것에 대해서는 논의하지 않았다.

내가 걱정하는 것은 방사능에 계속 노출된 아이들의 건강이 점점 더 위험에 처한다는 것이다. 많은 아이가 갑상선암·폐암·유방암 같은 병으로 고통받을 것이다. 후쿠시마 제1원전에서 현재 체르노빌보다 더 많은 방사성 물질이 방출되고 있다. 체르노빌 원전 사고의 결과, 100만 명 이상이 병에 걸려 사망했다.

2012년에 두 차례 일본을 방문해 일본의 정치 지도자들과 면담하고 불안정한 원자로에 의해 아이들이 갑상선암의 위험에 노출돼 있는 현상에 대해 그들의 의견을 들어봤다. 사용후 핵연료봉에 대해 아는 사람은 거의 없었고, 공중 보건에 미치는 영향에 대해서도 아는 사람이 거의 없었다. 일부 정치인은 잠재적 재앙에 대해 감지하고 있었지만, 그들조차도 후쿠시마 원자로 4호기에 있는 세슘137의 양이 체르노빌의 10배이고, 70년 전 히로시마에 투하된 원자폭탄의 5000배라는 얘기를 듣고 놀랐다. 또 후쿠시마의 모든 사용후 핵연료를 모으면 체르노빌의 85배, 히로시마 원폭 투하 때 방출된 양보다 5~10만 배 높은 세슘을 함유하고 있다는 것을 알고는 충격을 감추지 못했다. 이 정치인들은 그들이 도쿄전력으로부터 이런 정보를 듣지 못한 것에 대해 의아해했다.

2012년 4월, 나는 당시 내각 관방 장관인 후지무라 오사무 씨를 만났다. 그는 나에게 당시 총리인 노다 요시히코가 버락 오바마 미국 대통령과 회담하기 전에 내 메시지를 노다 총리에게 전하겠다고 약속했다. 두 지도자가 사적인 회담에서 후쿠시마에 대해 논의했을지 모르지만, 독립적인 사찰 팀 운영과 국제 원조라는 대책이 공개적으로 언급되지는 않았다. 이것은 실수였다. 정부의 첫 번째 책임은 국민의 안전을 지키는 것이다. 그러나 그들은 이해관계가 없는 과학자들과 연계하지 않고, 도쿄전력과만 상담했다. 그들은 방사성 낙진보다는 공공 정보의 제공을 최소화하는 데 초점을 맞췄다.

어떤 나라든 재해가 일어난 후 정부와 산업계는 민감한 정보를 공개하는 것을 꺼리지만 일본 지도자들의 비밀주의는 도를 넘어서고 있다. 일본 정부가 정확한 정보를 공유하려 하지 않는 탓에 일본 국민은 사고에 대한 유용한 정보를 미디어에 의지할 수밖에 없다. 불행하게도 많은 일본 기자는 현실에 안주했고, 아무것도 알지 못한다. 일본에서는 후쿠시마에서 일어난 현실과 허구의 이미지 사이에 놀라울 정도의 차이가 있다. 미디어는 이 격차를 줄여야 하는 자기 업무를 제대로 못 하고 있다. 몇 명을 제외하고 일본 기자들은 후쿠시마에 대해 조사하는 것을 거부하고 해야 할 질문을 꺼내는 것도 마다하고 있다.

이를 어렵게 만들고 있는 것은 일본 정부다. 언제, 어떤 정보를 발표할 것인가를 결정하는 것은 도쿄전력이다. 원자로 건물을 언제 언론에 공개할지, 사고 영상 필름을 언제 공개할지를 선택하고, 정부가 발표한 의료 기록의 정확성이 문제가 되는지 여부 등을 묻는 것은 도쿄전력의 몫이다. 제대로 된 질문을 하지 않으면, 대중은 연막의 뒤편에 남겨져 반쪽 진실에 의존하게 된다. 일본에서 원전을 멈추어야 한다는 주장이 힘을 얻고 있고, 그것은 공포와 좌절과 불안에서 나왔다. 아베 신조 총리는 일본이 원자력 에너지에 더욱더 의존하는 정책을 펴고 있다. 그는 일본의 원자로를 재가동시킬 것이다(아베 정권은 2015년 8월 센다이 원전을 재가동해 일본의 '원전 제로' 시대를 끝냈다—옮긴이). 내가 만난 모든 정치인 중에서 그는 일본 아이들이 직면한 위험과 원자로 4호기의 사용후 핵연료의 위험을 결코 인정하지 않으려는 사람이었다. 재앙이 가까이에 있다는 것을 사람들이 깨달을 때까지 수만 명의 아이가 희생돼야 한다는 사실에 나는 슬펐다.

나는 한 집단이 강경한 행동을 하지 않는 것에 놀랐다. 일본의 종교인 신도神道는 일본인의 생활에 영향을 주며, 그들은 아름답고 풍성한 자연에 신성한 중요성을 부여한다. 후쿠시마 사고보다 일본의 환경을 더 크게 위협한 것은 없었다. 일본의 영적 지도자들은 지금 국민의 관심을 높이는 데 적극적으로 임해야 한다.

1, 2, 3호기에서는 노심이 완전히 멜트다운되는 현상이 일어났다. 일본 정부는 원자로 격납 용기의 바닥을 뚫고 방사성 물질이 누출됐을 가능성을 인정하고 있다. 따라서 의도하지 않은 연쇄적 핵분열이 다시 일어나거나, 혹은 강력한 수증기 폭발이 발생할 가능성이 있다. 어느 하나라도 현실화되면 새로운 방사성 물질이 대량으로 대기 중에 방출될 것이다.

1호기와 3호기가 있는 구역은 특히 방사선이 강해 접근할 수가 없다. 그런 까닭에 사고 발생 이후 이 부지 내의 구조물을 보강하거나 보수할 움직임은 전혀 보이지 않는다. 이런 구조물이 강한 지진에 견딜 수 있을지는 확실하지 않다.

불능 상태에 빠진 원자로 각각에 부설된 임시 냉각 파이프는 사고로 생긴 파편 속을 통과하고 있다. 무방비 상태의 관은 충격에 매우 약해서, 어떤 손상이라도 생기면 냉각 시스템이 작동하지 않게 돼 핵연료가 과열될지도 모른다. 지금 상태에서 핵연료가 손상되면 방사성 물질을 방출하게 되고, 아울러 수소 폭발, 지르코늄 화재, 사용후 핵연료 풀에 있는 연료의 멜트다운 등 연쇄 사고가 일어날 가능성도 있다.

4호기 원자로 건물의 골조는 심각하게 손상됐다. 총 1670톤에 달하는 사용후 핵연료가 저장된 4호기의 풀은 지상 30미터쯤에 매달려 있다. 도쿄전력은 앞으로 사용후 핵연료봉을 옮길 계획을 세우고 있지만, 만약 또 근처에서 거대 지진이 일어나면 즉시 이전되지는 않을 것이다. 이 연료 풀이 붕괴되거나 물이 배출되면 핵폭발을 일으켜 이 지역 전체가 폐쇄될 것이다.

이 원전은 인류 문명에서 전례 없는 국제 안보 위험을 상징한다. 다른 새로운 재해가 일어날 가능성은 우리가 생각하는 것보다 훨씬 크다. 만약 또 지진이 일어나 멜트다운이 더 진행된다면, 우리는 미래를 우연이나 도쿄전력, 일본 정부의 결정에 맡길 수는 없다. 한편 미국 정부는 가만히 지켜만 보고 있는데, 자국에 대한 조치를 취하는 게 나을 것이다. 다른 재해로 고농도의 방사성 물질이 방출되면 비와 음식을 통해 미국의 서해안까지 닿을지도 모르기 때문이다. 그러면 주민은 대피해야 하며, 이로써 동아시아와 미국의 관계는 껄끄러워질 것이다.

유사한 재해는 원자로와 사용후 핵연료 임시 저장 시설이 있는 미국이나 세계 어느 곳에서도 일어날 수 있다. 오늘날 세계에는 400개 이상의 원자력발전소가 가동되고 있으며, 그중 100개 이상이 미국 내에 있다. 단층선 근처에 세워져 있는 것도 있고, 노후화된 것도 있다. 또한 후쿠시마 4호기와 마찬가지로 연료봉을 보관하는 임시 사용후 핵연료 풀도 24개 있다. 대부분 단순한 창고에 지나지 않는다. 냉각 시스템이 너무 민감하고 고장이 잘 나 배관의 부식 같은 단순한 문제가 멜트다운을 일으킬 수도 있다.

일본이나 다른 어떤 나라에서도 원전 사고가 나면 정부와 원전 업계가 나타내는 반응은 후쿠시마 이후 일본을 모방하게 될 것이 확실하다. 그들은 모든 정보와 원전 부지에 대한 접근을 제한하고 국가의 안보 우려를 언급할 것이다. 재해 후 사람들을 정보에서 차단하는 능력은 바람직하지 않은 특권이다. 과학 기자들에게 어떤 수준에서의 접근이 필요하며, 국가의 안전 보장을 위해 어떤 수준의 재량이 필요한지 정할 필요가 있다. 이 합의를 위한 틀이 필요하다. 지금은 이런 중책이 조사관의 어깨를 짓누르고 있다. 재해 시 예상되는 시나리오와 직접적인 관계가 없는 문제조차도 과학자와 정치인 사이에 아무런 커뮤니케이션이 이뤄지지 않는다. 이것은 미국에서도 마찬가지다. 나는 최고의 과학자들이 연방 의회 상원의원이나 하원의원과 접촉하는 일이 얼마나 힘든지 알고 충격을 받았다. 20년 전 체르노빌 사고는 이렇지 않았다. 독립적인 입장의 과학자와 언론인, 정치인 사이의 지속적이고 열린 커뮤니케이션이 새로운 원자력 재해에 효과적으로 대처하기 위해 꼭 필요하다.

국제적인 조치도 이뤄져야 한다. 미국·러시아·우크라이나·독일·영국·프랑스·캐나다에서 국회의원을 선발하고 실태 조사단을 편성해 후쿠시마에 파견해야 한다. 론 와이든 상원의원은 2012년 방문에서 모범을 보여줬다. 유니세프와 세계보건기구는 앞으로 수십 년 방사능에 노출될 어린이들을 구하는 기준 수립을 위해 다양한 프로그램을 만들어야 한다. 핵 과학자와 의사들은 협력해서 방사능 피폭에 관한 질병을 치료하기 위한 새로운 기술과 치료제를 개발해야 한다.

영국 찰스 왕세자는 유엔 지속가능발전정상회의에서 연설할 때 기후 변화에 대해 이렇게 말했다. "최악의 사태가 일어나야만 행동하는 것은 인간의 특성인지도 모른다. 그러나 그것은 이 자리에서 우리가 인정할 수 있는 특성이 아니다." 황태자는 후쿠시마에 대해 이야기했을지도 모른다. 일본은 후쿠시마에서 현재 진행 중인 문제를 다룰 준비가 잘 되어 있지 않지만, 이 것은 더 이상 일본만의 문제가 아니다. 모든 인류에 영향을 미치고 있으며, 앞으로도 영향을 미칠 것이다.

7

전리 방사선이
생물계에 미치는 영향

데이비드 브레너

우리는 저선량 전리 방사선이 인체에 미치는 영향에 대해 우리가 알아야 할 모든 것을 알고 있지는 못하다. 우리가 모르는 것은 방사선 피폭의 주된 영향으로, 저선량 전리 방사선에 의해 배아와 태아가 받는 피해도 여기에 포함된다. 가장 큰 영향은 암이다.

히로시마와 나가사키에 투하된 원자폭탄 속에서 살아남은 사람들에 대한 연구를 통해 저선량 방사선이 발암을 일으킬 위험성이 있다는 것이 알려졌다. 두 폭격에 많은 사람이 연관됐고, 10만 명 이상을 대상으로 한 추적 조사는 꽤 오랫동안 계속됐기 때문이다. 저선량 방사선의 발암 작용을 이해하기 위해서는 모든 연구를 바탕으로 수십 년 동안 추적 조사를 해야 한다. 전체 그림을 파악하려면 일반적으로 10년간의 추적 조사로는 부족하다.

히로시마에서 폭심지에 있던 사람들은 매우 높은 선량의 방사선에 노출돼 목숨을 잃었다. 폭심지에서 1.8~2.7킬로미터 범위에 있던 사람들은 5~100밀리시버트의 저선량 방사선에 노출됐다. 이 수치는 후쿠시마 방사선량보다 더 높다. 1958년부터 1998년까지 이 그룹에서 고형암에 걸린 사람은 모두 4400명이었다. 이 숫자와 추가 방사선을 받지 않은 사람들에게서 발병이 예상되는 숫자가 4300명이라는 것을 비교해보자. 차이는 불과 100명이지만 통계적으로 보면 분명히 방사선에 의한 발암 위험의 상승이 연관돼 있다. 한편 이 숫자 자체는 그리 크지 않다. 즉 저선량 방사선은 암의 원인이기는 하지만, 개인 수준에서의 위험은 작다.

피폭량이 적으면 역학 연구는 더 어려워진다. 그 이유는 어떤 집단에서도 약 40퍼센트는 언젠가 암이 생기기 때문이다. 방사선량이 더 낮아지면 그 40퍼센트보다 아주 조금만 증가하는 위험을 찾아내야 한다. 위험이 매우 미미하게 증가하는 것을 확인하기 위해서는 많은 사람이 필요하고, 그렇기에 연구에 필요한 사람의 수는 엄청나게 늘어난다.

작은 위험을 얘기할 때 개인적 위험과 그에 상응하는 공중 보건의 위험을 구분해야 한다. 예를 들어, 개인에게 해가 될 위험이 100만 분의 1인 활동이 있다고 가정해보자. 소수가 그 활동에 참가했다면, 그들에게 위험이 닥칠 가능성은 거의 없다. 그 숫자가 작기 때문이다. 바꿔 말하면, 기본적으로 집단 위험은 없는 것이다. 이번에는 1억 명이 그 일에 참가하는 경우를 생각해보자. 개인 위험은 100만 분의 1로 똑같지만 그중 약 100명은 확실하게 위험을 겪을 수 있다. 이 경우 명백한 집단 위험이 존재한다. 여기서 중요한 것은 아무리 개인 위험이 낮더라도, 몇 명의 사람이 그 위험에 노출되느냐에 공중 보건의 중대성이 달려 있음을 알 수 있다.

이것과 후쿠시마 제1원전 사고로 인한 방사선이 인체의 건강에 미치는 잠재적인 영향을 연관지어 생각해보자. 후쿠시마 주민 약 100만 명 중 방사선 때문에 암에 걸려 사망할 위험은 대략 2000분의 1로, 이것은 일본인이 자신의 생애 중 강력 범죄에 휘말려 사망할 위험과 거의 같다. 바꿔 말하면, 방사선 피폭과 관련된 암의 개인적 위험은 작다. 집단 위험의 관점에서는, 만약 이 2000분의 1의 위험에 노출된 100만 명을 적용해보면 방사선 관련 암에 걸려 결국 사망하는 것으로 보이는 후쿠시마 주민은 모두 500명이다.

개인 수준의 방사선 관련 사망 위험 추정치는 매우 작지만, 방사능 관련 공중 보건의 위험 추정치인 500명의 죽음은 매우 비참한 것이다. 한편, 사망자 500명이라는 숫자와 거의 1만8000명인 지진과 쓰나미에 의한 사망자 수를 비교해보라.

후쿠시마 사고의 심각성을 고려할 때, 우리는 두 가지 수준에서 생각할 필요가 있다. 개인 위험과 집단 위험이다. 방사선량은 매우 적기 때문에, 개인 위험은 아마 제로는 아니더라도 매우 낮을 것이다. 그럼에도 불구하고 당연한 일이긴 하지만, 일본에서는 방사선에 대한 불안 가운데 대부분이 개인의 위험에 집중돼 있다. 개인 위험의 관점에서 말하면, 우리가 실제로 알고 있는 개인 위험과 일본인 개개인이 지금 그들의 개인 위험에 대해 걱정하는 것 사이에는 차이가 있다.

내가 보기에는 대중 위험에 대한 우려가 타당하다. 후쿠시마 사고로 인한 방사선 관련 암의 세계적인 발병에 대한 대중 위험을 고려하면 수천 명에 달할 것이다. 이것은 원자력발전의 위험과 이익에 대한 정치적 의문을 제기할 기회다. 이런 문제들을 심각하게 논의해야 마땅하다.

위험에 대한 이러한 두 가지 견해를 혼동해온 탓에 우리는 일본 사람들을 실망시켜왔다. 개인 수준에서의 방사선 위험은 매우 작고, 따라서 일본이나 후쿠시마에 사는 모든 사람의 개인 위험은 제로는 아니지만 작다. 사람들이 일상생활에서 겪게 되는 다양한 위험들과 비교할 수 있을 정도에 불과하다.

후쿠시마 사고에 관련된 방사선의 위험에 대해 우리는 더 조심스럽고 책임감 있게 말해야 한다. 그 수단이 바로 교육이다. 방사선 관련 위험의 본질로 실제 어떤 것이 있는지 사람들에게 말하고 설명할 필요가 있다. 즉, 우리가 알고 있는 것과 모르는 것을 설명해야 한다.

2011년 4월 뉴욕 메트로폴리탄 오페라와 아메리칸 발레 극장의 출연자 및 스태프 들이 일본 방문을 앞두고 있었다. 당연히 일본 방문을 연기할지 여부에 대해 모든 사람이 심각하게 고민하고 있었다. 나는 메트로폴리탄 오페라에 가서 몇 시간에 걸쳐 방사선은 어떤 것인지, 저선량 방사선에 대한 위험은 무엇인지에 대해 말했다. 최대한 솔직하려고 했고, 아직 잘 모르는 것이 무엇인지 설명하려고 했다. 한 시간의 질의응답 후, 결국 메트로폴리탄 오페라와 아메리칸 발레 극장 관계자들은 일본에 가는 것을 선택했다. 만약 당신이 자리에 앉아서 신중하게 청중에게 얘기하고 아는 것과 모르는 것을 설명한다면, 사람들은 실제로 위험한 게 어떤 것인지 이해하게 될 것이다.

이 이야기가 가진 또 다른 측면은, 일본에 그렇게 불안감이 감도는 것은 사람들이 가진 정보와 관련해 비이성적이라고는 할 수 없지만 믿기 힘들 정도로 의심하기 때문이라는 것이다. 일본에 가보면 누구나 일본 정부의 방사선량 관련 발표에 대해 불신이 있다는 것을 알 수 있다. 실제로 방사선량이 한계치 이내라는 것을 우리는 잘 알고 있으며, 이를 널리 알리고 사람들을 안심시켜야 한다.

만약 모든 사람의 방사선량을 직접 측정할 수 있다면, 누가 고선량 방사선에 노출됐는지 구분할 수 있을 것이다. 그들은 관찰을 통해 치료를 받을 수 있다. 이것은 매우 낮은 선량의 방사선에 노출됐거나 전혀 노출되지 않은 대다수 사람을 안심시킬 수 있다. 많은 연구 결과를 볼 때, 사람들은 흰 가운을 입은 의사가 "걱정하지 마라"고 얘기하는 것보다 진단의 결과를 더 믿는다는 것을 알 수 있다.

컬럼비아대에서 동시에 다수의 샘플을 처리할 수 있는 고성능 도구를 개발했다. 당뇨병 환자가 사용하는 핑거 스틱을 기반으로 한 것이다. 이 도구를 사용하면 아주 많은 사람, 예를 들어 하루에 3만 명을 검사할 수 있다. 원론적으로, 사람들에게 고선량 방사선을 받고 있지 않으며 심각한 사태는 진행되고 있지 않음을 보여주며 안심시키는 방법의 하나다.

후쿠시마에서 개인 위험은 매우 낮다는 데는 의심의 여지가 없다. 우리는 더 많은 노력을 기울여 후쿠시마에서 방사선에 노출된 사람들에게 정보를 제공하고 안심시켜야 한다. 그러나 동시에 잠재적으로 심각한 집단 위험이 있다는 것도 분명하다. 우리는 이런 집단 위험을 정량화하는 방법을 개선해야 한다. 원자력발전의 위험과 이익에 대해 진지하게 논의할 수 있는 유일한 방법이기 때문이다.

후쿠시마 사고가
초기 건강에 미치는 영향

이언 페어리

2011년 3월 11일 발생한 도호쿠 지방의 대지진에 이어 쓰나미가 태평양에 접해 있던 후쿠시마 제1원자력발전소를 덮쳤다. 그 파도는 발전소 방파제를 넘어갔다. 발전소는 침수되고, 냉각 펌프와 디젤 발전기는 사용할 수 없게 됐다. 지진 후 며칠 사이에 폭발도 일어났다. 3월 12일에는 1호기, 3월 14일에는 3호기에서 폭발이 있었고, 그 모습이 촬영돼 전 세계에 방송됐다. 3월 15일에는 2호기에서 '폭발 사건'이, 그 몇 분 후에는 4호기의 사용후 핵연료 풀에서 폭발과 화염이 발생했다. 결국, 3월 16일 4호기에서 대규모 폭발이 일어났다. 뒤에 일어난 세 건의 폭발은 촬영된 영상이 없다. 어두웠고, TV 직원들이 녹화할 수 없었기 때문이다.

즉, 세 건의 폭발 사고와 한 건의 '폭발 사건'이 후쿠시마 1, 2, 3호기의 원자로와 4호기의 사용후 핵연료 풀을 파괴했다. 원자로 4기의 풀 모두 수위가 낮아졌고, 그 안에 있던 모든 사용후 핵연료는 과열됐으며 4호기의 풀에서 화재가 일어났다. 1, 2, 3호기에서 멜트다운이 발생했다. 폭발로 일곱 명이 숨지고, 직원 약 1만2000명이 250밀리시버트 이상의 방사선에 노출됐다. 약 8만6000명이 파괴된 발전소 주변에서 피난했다. 그중 7만 6000명은 반경 20킬로미터 지역에 살고 있었다. 일본 전체 면적의 약 8퍼센트에 달하는 지역이 발전소에서 방출된 방사성 플럼에서 떨어진 낙진에 의해 오염됐다. 물과 음식도 오염됐다.

미군 헬기가 지표면에서 세슘134와 세슘137의 선량을 측정한 결과 방사성 플럼에 의해 도쿄 일부를 포함한 인구 밀도가 높은 몇몇 지역이 오염된 것으로 나타났다. 수도권 인구의 3000만 명이 평균 1밀리시버트씩만 피폭됐더라도 집단적으로 3만 시버트(3000만 밀리시버트)라는 매우 높은 선량을 나타낸다.

체르노빌과 후쿠시마 사고는 모두 재앙이었지만, 대기 중으로 방출된 방사성 물질의 양이라는 관점에서 보면 1950년대와 1960년대의 대기 중 핵실험이 실제로는 더 심각하다. 체르노빌 낙진은 후쿠시마의 경우와 비교하면 더 농축된 핵종이 더 넓은 범위에 쏟아졌다. 가장 농도가 높았던 것은 우크라이나, 벨라루스를 비롯한 구소련이었지만, 낙진의 60퍼센트는 영국과 프랑스를 포함한 서유럽까지 도달했다. 프랑스는 현명하지 못하게도 체르노빌 낙진에 의한 피해는 없다고 공표까지 했었다.

대조적이게도, 후쿠시마 제1원전의 낙진 중 약 80퍼센트가 바다에 떨어졌다. 그러나 일본의 인구 밀집 정도는 우크라이나와 벨라루스와 구소련을 웃돈다. 세슘134와 세슘137의 합계인 36페타베크렐(1페타베크렐=1000조 베크렐)이 대기 중에 방출됐다. 그보다 약간 높거나 낮은 예상치도 제시됐다. 일본 정부의 예상치는 약 10페타베크렐이었는데, 아마도 정밀도가 낮은 수치였을 것이다.

후쿠시마에서 방출된 방사성 동위원소 제논의 양은 체르노빌보다 많았다. 사고를 일으킨 원자로가 체르노빌에서는 한 기였던 반면, 후쿠시마에서는 세 기였기 때문이다. 이런 동위원소는 짧은 반감기를 가진 불활성 기체다. 반감기가 가장 긴 제논133은 5.2일이다.

2013년 2월에 발표된 세계보건기구의 후쿠시마에 관한 보고서에서 후쿠시마 근교에 살고 있는 사람들 중 유아기에 피폭한 여성은 유방암에 걸릴 위험이 6퍼센트 높고, 남성은 백혈병에 걸릴 위험이 7퍼센트 높은 것으로 발표됐다. 이러한 수치는 추정 피폭선량에 불확정적 요소가 많았기 때문에 과소평가됐을 가능성이 있다. 또한 이 보고서는 유아기에 피폭한 여성이 갑상선암에 걸릴 위험이 70퍼센트 높은 것으로 언급한다. 불행히도 이 보고서에는 모호한 부분이 많았고, 일반적인 일본 국민의 건강 위험은 '낮다'고 주장했다. 아울러 일본 외의 국가에서 건강 위험의 상승은 미미하며, 원전 비상사태 수습에 나섰던 노동자의 3분의 1만이 건강 위험 상태에 놓일 수 있다고 주장했다.

체르노빌 사고 후 관찰된 영향을 보면 후쿠시마의 앞날을 알 수 있다. 약 9개월 후에는 방사선 피폭으로 인한 기형 발생, 자궁 내 태아 사망, 소아 백혈병, 출생 감소를 예상할 수 있다. 비교적 드문 질환이므로 발견하기 어려울 테지만 2년 후에는 성인의 백혈병 증가가 예상된다. 4년 후에는 갑상선암에 걸리는 여성과 어린이가 늘어날 것이다. 10년 후에는 고형암 발생과 심장 혈관에 미치는 영향이 증가할 것으로 보인다.

독일 뉘른베르크의 알프레트 쾨르블라인 박사는 2011년 3월 11일부터 약 6주 후에 유아 사망이 정점에 도달했다는 것을 발견했다. 그는 유아의 사망률이 통계적으로 의미 있는 수치인 세 배로 상승했다는 것을 밝혔다. 대조군에서는 1000명 중 3명이었던 사망자가 관찰 대상에서는 1000명 중 9명이었다. 이 유아 사망률 상승은 이례적이었다. 9개월 후에는 일본 전체의 출생률이 5퍼센트 감소한 것에 비해 후쿠시마 현의 감소율은 15퍼센트나 돼 통계적으로 의미가 있었다. 이것은 체르노빌 사고 9개월 뒤 키예프에서 일어난 현상과 비슷했다.

체르노빌 사고의 피폭으로 인해 백혈병을 얻은 성인을 특정하는 것은 어려웠다. 그 상승분이 기존 수준에 비해 작았기 때문이다. 2012년 리디아 자블로츠카 박사가 높은 수준의 방사능에 노출된 체르노빌의 사고 처리 작업자 11만 명 이상을 연구했다. 그 결과 백혈병의 명확한 증가를 확인했으며, 이는 표본 수가 많고 통계적으로 의미가 있었다. 또 중요한 점은 피폭량과 건강 위험은 비례했으며, 115밀리시버트 정도에서도 백혈병 위험이 높아진다는 것이었다.

향후 4, 5년 사이에 아마도 체르노빌 사고 이후 정도는 아니더라도 갑상선암의 발생 건수가 늘어날 것이다. 체르노빌 사고의 영향을 받기 전 그곳 사람들의 갑상선은 요오드 부족 상태였다. 그들은 바다에서 수천 킬로미터 떨어진 곳에 살고 있었고, 식생활에서 해산물 섭취량이 많지 않았기 때문이다. 일본에서는 많은 국민이 바다 근처에 살고 대부분의 사람이 해산물을 듬뿍 섭취하기 때문에 갑상선에 안정적으로 요오드가 축적돼 있었다.

그런 가운데서도 후쿠시마 어린이의 갑상선에 작은 낭포나 결절의 증가가 이미 나타났다. 그중 어느 정도가 암이 되는지는 아직 명확하지 않다. 체르노빌에서는 사고 4년 후 아이들에게서만 갑상선암이 나타났다.

낙진의 방사능 노출에 대해 알려진 사실을 바탕으로 평균 피폭선량과 사고로 인해 암에 걸려 사망하는 인원을 추정할 수 있다. 특정 집단에 대한 집단 선량을 확정만 하면 암으로 사망하는 추정 인원은 현재 통용되는 위험 인자 1시버트당 10퍼센트라는 숫자를 적용해 구할 수 있다. 현재 이 분야에서는 세 가지 연구가 이뤄지고 있다. 프랑스 방사선방호원자력안전연구소IRSN에 의한 연구(2011), 미국의 텐 호브와 제이컵슨에 의한 연구(2012), 미국의 비에와 라이먼과 폰 히펠에 의한 연구(2013)가 있다. 프랑스 연구에서는 사망자 수를 1000명에서 1500명으로 예상했고, 텐 호브와 제이컵슨은 170명, 비에와 라이먼과 폰 히펠은 약 700명으로 예상했다. 나는 표면에 침착돼 있는 방사성 물질(지상에 남겨진 세슘)에 의한 외부 피폭 연구에서 앞으로 70년 동안 약 3000명이 사망할 것으로 예측한다. 세슘이 얼마나 오래 남아 있는지 알 수 있을 것이다.

후쿠시마 현의 히라타 중앙 병원에 있는 교수가 2011년 10월부터 2012년 11월까지 병원을 방문한 3만2800명을 대상으로 홀바디카운터w.b.c를 사용해 내부 피폭량을 측정했다. 검사 결과 체내 세슘이 양성 반응을 보인 사람의 수가 줄어든 것으로 나타났다. 2011년 12퍼센트였던 것이 2012년 3퍼센트로 떨어졌다. 세이프캐스트Safecast(각 지역의 방사선량을 측정해 공개하는 시민단체— 옮긴이) 또한 외부 방사선량이 비록 속도는 느리지만 떨어지고 있다는 것을 확인했다. 도쿄전력이 아니라 시민 과학자가 독자적으로 측정한 데이터다. 이러한 결과는 아주 조금은 용기를 줬지만, 특히 고농도로 오염된 지역에 사는 일본인 수만 명이 앞으로도 수십 년 동안 비교적 높은 방사선에 노출될 것이 분명하다. 지금도 체르노빌에서 일어나고 있는 일처럼 말이다.

후쿠시마와 체르노빌에서 우리가 얻을 교훈은, 역사에서 배우지 않는 정부는 그것을 반복할 운명이라는 것이다.

9

체르노빌과 후쿠시마의
생물학적 영향

티머시 무소

2011년 3월 11일에 앞서 수년 전부터 나와 동료들은 체르노빌에서 방사능 오염의 영향에 대해 연구하고 있었다. 우리의 관심은 진화생태학과 유전학에 관한 것이었지, 방사선생태학과 핵의학 및 반핵운동이 아니었다. 먼저 우리는 조류를 조사했다. 붙잡고 확인하고 세는 것이 쉬웠기 때문이다. 원자로 주변에 울타리가 쳐져 있었지만, 새는 가장 오염이 심한 곳에도 들어갈 수 있기 때문에 이를 추적하면 오염 물질이 건강에 얼마나 장기적인 영향을 미치는지 조사할 수 있었다.

체르노빌에서는 2000년 이후, 후쿠시마에서는 2011년 이후 우리는 생물 다양성과 변이에 대해 연구하고 있다. 조사한 대부분의 생물은 방사능 오염에 대한 노출 수준과 정비례해 유전자 손상률이 현저하게 상승했다. 많은 생물에게서 기형, 발육 이상, 백내장, 종양, 암 등의 비중이 증가했다. 수정 비율도 낮았다. 체르노빌의 오염이 심한 지역에 있는 수컷 새의 40퍼센트가 불임으로, 정자가 전혀 없거나 죽은 정자가 조금 있을 뿐이었다. 많은 새가 수명이 짧아졌다. 그 결과 개체 수가 줄고 생장률도 떨어졌다. 가장 오염이 심한 지역에서는 멸종된 종도 있었다. 살아남은 종도 돌연변이가 발생하고 그것이 차세대에 되물려질 가능성이 있었다. 살아남아 그 지역을 떠난 새가 오염되지 않은 지역으로 이동해, 이런 돌연변이를 동반해 방사선에 노출된 적이 없는 지역의 개체 수에도 영향을 미칠 가능성이 있다.

일반 환경에서 방사능의 영향을 알아내는 것은 쉽지 않다. 우리는 서로 다르다. 우리가 다르다는 사실은 유전자 변이의 결과이기도 하다. 그 변이가 발현되더라도(대부분 발현되지 않지만), 대부분 생존능력이나 번식능력에는 영향을 미치지 않는다. 자연계는 여러 다른 종류로 이뤄진 복잡한 장소다. 공간과 시간에 따라 미세하게 다르다. 예를 들면 햇빛을 받아들이는 양, 온도, 서식하는 식물과 동물, 새 모두 다르다. 방사능과 그 오염이 개체 수와 종류에 미치는 영향을 밝히기 위해 이 변동성을 고려하지 않으면 안 된다. 우리는 이것에 대처하기 위해 체르노빌과 후쿠시마의 다양한 장소에서 오랫동안 반복적으로 모든 생물의 수를 철저하게 계산해 데이터베이스를 작성했다.

2012년 7월 현재 후쿠시마에서 700회 조사했으며, 체르노빌에서는 896회로 멈췄다. 조류의 수와 종류, 거미 등의 숫자도 조사했다. 그리고 생물군의 유무에 관련된 환경의 차이도 고려했다. 기상학, 수문학, 식물의 종류, 물의 유무 등이다. 우리는 500미터 정도의 그물을 쳐서 새 수천 마리를 잡고 DNA와 전반적인 건강을 분석하기 위한 혈액과 깃털 샘플을 모았다. 가

이거 카운터라는 간단한 측정기로 방사능 수준도 측정했다. 그리고 방사능 오염이 개체 수에 미치는 영향을 계산하고, 개체 수와 종류에 영향을 줄 수 있는 환경 요인을 통계 데이터를 바탕으로 고찰했다. 과거에 어떤 과학자 팀도 한 적이 없는 방식이었다.

또한 방사성 핵종의 식별 시스템을 이용해 각 지역에서의 방사선원을 확인하고, 방사선을 크리스털 칩으로 파악하는 열 형광 선량계TLD를 사용해, 소형 선량계를 개발했다. TLD를 새에 붙여 놓아줬다가 다시 붙잡아 얼마나 많은 방사선에 노출되었는지 확인할 수 있고, 개체별 외부 피폭량을 정확하게 추정할 수 있다. 또 잡은 새를 야외 울타리에 넣고 체내의 방사성 물질을 측정함으로써 내부 피폭량도 측정했다. 그 결과 어떤 장소에서 가이거 카운터로 측정한 공간 선량과 그 장소에서 생물이 몸 안팎으로 받고 있는 방사선량은 서로 관계가 있다는 것을 발견했다.

최근 몇 년 동안 체르노빌 주변이 야생동물의 낙원이 됐다는 보고가 잇따르고 있다. 이 이야기의 발단은 국제원자력기구의 체르노빌 포럼이 몇 년 전에 내놓은 성명서다. 많은 동식물의 개체 수가 증가하고 있으며, 인간이 없기 때문에 체르노빌의 출입 금지 구역 생물군계가 상당히 개선됐다고 언급했다. 즉, 방사선이 지역의 동식물에 직접 미치는 영향은 거의 없거나 전혀 없다는 것이다. 또 방사선에 의한 인간의 발병이 스트레스와 다른 환경 요인의 결과이며, 방사선 피폭과는 무관하다는 것도 암시하고 있다.

그러나 이 보고서가 작성될 때는 체르노빌 주변 동식물의 생물 다양성과 개체 수에 대한 자세한 연구가 이뤄지지 않은 상태였다. 데이터가 없었기 때문에, 방사선의 영향이 거의 없거나 적어도 주민의 건강과는 관계가 없다고 주장할 수 있었다. 최근 체르노빌과 후쿠시마에 대한 많은 연구가 이 보고서에서 영감을 얻었다. 우리의 목표는 이런 의문을 해결하는 데 필요한 과학적 증거를 제공하는 것이다. 반핵주의자가 아닌 진화생태학자로서 예단하거나 특별한 결과에 치우친 관심을 갖지 않았다.

체르노빌 출입 금지 구역은 이질적인 곳이다. 그곳에는 방사능 오염으로부터 자유로운 넓은 구역도 있다. 어떤 곳은 뉴욕의 센트럴파크보다 방사선량이 적다. 센트럴파크의 방사선량은 시간당 0.1마이크로시버트다. 체르노빌 구역 안에서 깨끗한 곳은 0.05마이크로시버트에 불과하다. 체르노빌 지역이 새로운 낙원이라는 개념이 있어서, 우리는 그곳에 있는 동물을 모두 세어봤다. 거기에는 체르노빌 재앙 이후 알려진 아름답고 위험한 야생마도 있다.

조류에 대해서는 환경 요인에 관련된 통계 데이터를 이미 얻었다. 방사능이 높은 지역에는 새들이 본래 개체 수의 약 3분의 1밖에 없었고, 다른 생물도 절반 정도밖에 없었다. 어떤 것들은 개체 수가 너무 적어 집단을 유지하지 못할 정도였다. 어떤 곤충은 발견하기가 어려웠기 때문에 그 숫자를 세어보기로 결정했다. 가장 눈에 띄는 발견은 오염이 심한 지역에는 꿀벌이 거의 없었다는 것이다. 거미·메뚜기·잠자리·나비도 매우 적었다.(특히 나비는 오염에 매우 민감한 듯했다. 후쿠시마 사고 이후 일본에 나비의 돌연변이가 나타났다는 보고와도 일치한다.) 설치류와 사슴 등 포유류도 마찬가지로 적었다.

우크라이나 정부는 원자로와 야생동물을 보고 싶은 관광객을 유치하려고 했다. 하지만 불행히도 야생동물을 거의 볼 수 없었기 때문에, 체르노빌에 작은 동물원을 세우고 관광객과 저널리스트가 늑대나 멧돼지의 사진을 찍을 수 있게 했다.

후쿠시마에서 우리는 2011년 7월에 300종류의 생물 자료를 모았고, 2012년에 400개를 추가했다. 제비와 제비집에 대해서도 조사했고, 비슷한 결과를 얻었다. 즉, 오염이 심한 지역에서는 분명히 개체 수가 더 줄어든 것이다. 체르노빌과 후쿠시마를 직접 비교할 수 있는 조류는 열네 종류가 있었고, 방사능에 의한 개체 수 감소는 사고 이후 20년 이상 경과한 체르노빌에 비해 사고 후 1년이 지난 후쿠시마 쪽이 두 배 이상 두드러졌다. 일본의 새는 면역력이 없거나 혹은 방사선 감수성이 강한 것으로 추측된다. 아마 체르노빌의 새는 어느 정도 면역력을 가졌거나 적어도 민감한 종류는 지난 26년 동안 상당히 감소했을 것이다.

체르노빌의 오염이 심한 지역에서는 우리가 조사한 분류학상의 모든 무리가 감소했지만, 후쿠시마에서는 새·나비·매미만 뚜렷하게 줄어들었다. 신기하게도 2011년 후쿠시마의 오염이 심한 지역에서 거미의 수가 증가했다. 아마도 새와 같은 포식자가 줄었기 때문으로 보인다. 우리가 체르노빌과 후쿠시마에서 벌인 대규모 조사에 의하면, 오염되지 않은 지역에 있는 생물의 풍부함과 다양성은 정상인 것처럼 보이지만(조사는 하지 않았지만), 오염이 심각한 지역에서는 많은 생물의 개체 수가 생태계에 영향을 미칠 정도로 감소했다. 이것은 IAEA의 체르노빌 포럼이 보여준 긍정적인 결과와 반대되는 것이다.

체르노빌에서 지난 몇 년 동안 2000여 마리의 새를 붙잡아 조사했다. 새들에게서 일상적이지 않은 이상 증후가 발견됐다. 하얀 깃털 등 이상한 색깔, 부리와 날개와 눈 주위의 종양, 다리와 엉덩이의 비정상적인 성장, 피부

반점의 누락이나 백내장 등이 나타났다. 이러한 이상은 다른 곳에서는 거의 보고되지 않았다. 또 체르노빌의 조류는 뇌가 작다. 신경의 발달은 분명히 오염의 영향을 받는다. 작은 뇌로 인해 인지능력도 낮기 때문에 생존 가능성도 적어진다. 후쿠시마 야생동물의 장기 전망은 현재로서는 알 수 없다. 아직 얘기하기는 이르다. 그러나 일본 과학자들이 최근 나비에 대한 연구에서 발견한 것이 우리가 체르노빌에서 발견한 것과 일치하고 있다.

우리가 체르노빌과 후쿠시마에서 실시한 관찰 조사는 어렵지 않지만, 문제는 아무도 관심을 갖지 않는다는 것이다. 혹은 관심을 가졌더라도 자료를 모아 분석하고, 심사의 대상이 되는 과학 논문을 발표하는 등 끝까지 하는 사람이 없다는 것이다. 불행히도 이 분야에 대한 재정 지원은 없다. 과학자들도 배관공처럼 노력에 대한 대가를 받아야 한다. 원전 사고와 관련된 정부나 규제 기구는 방사능이 야생 생물, 더 나아가 인류에 어떤 영향을 미치는지 근본적인 의문에 대한 답을 알고 싶어하지 않는다는 결론을 얻을 수 있다.

WHO와 IAEA, ICRP가
지어낸 거짓말

알렉세이 야블로코프

지난 24년 동안 체르노빌 사고에 관한 약 3만5000건의 과학 논문이 발표됐다. 대부분은 슬라브어로 작성된 것이다. 이 대참사로 방사성 낙진의 영향을 받은 모든 지역에서 질병과 사망이 늘어났다. 그러나 국제원자력기구와 세계보험기구가 지지한 체르노빌 포럼(2006)의 공식 견해는 "방사선의 실효 선량과 관계없는" 모든 의학적·과학적 데이터를 묵살했다. 그러나 실효 선량과 사망률 간의 통계적 상관관계를 요구하는 정부의 방법론에는 결함이 있다. 그 이유는 다음과 같다.

1. 짧은 수명의 방사성 핵종이 붕괴하는 자연 과정은 매우 빠르다

비상사태 이후 방사성 핵종의 평균 실효 선량을 정확하게 추정하는 것은 불가능하다. 왜냐하면 짧은 수명의 방사성 핵종이 붕괴하는 자연 과정은 매

1986년 4월 28일 핀란드 표면 대기에서 측정한 체르노빌 방사성 핵종의 방사선

(1세제곱미터당 밀리베크렐)

방사성 핵종	활성	방사성 핵종	활성
요오드131	22만3000	텔루륨129m	4000
요오드133	4만8000	루테늄103	2880
텔루륨132	3만3000	몰리브텐99	2440
세슘137	1만1900	세슘136	2740
세슘134	7200	넵튜늄239	1900
바륨140	7000	텔루륨131m	1700

출처: 신코 외, 1987

표 10-1

우 빠르기 때문이다. 체르노빌의 데이터는 오염지역에서의 전리 방사선 수준이 1년에 1만 회 이상 변화하고 있음을 보여준다(그래프 10-5). 체르노빌과 후쿠시마 사고 이후 관심은 요오드131에 집중됐다. 일부 지역에서는 이 방사성 핵종이 피폭의 주된 원인은 아니었다. 일부 사례에서 사고 후 몇 개월 동안 사람들의 주요 피폭 원인이었던 세슘137에도 관심이 쏠렸다. 동시에 바륨140·세슘136·아르젠튬110m·세륨141·루테늄103·스트론튬89·지르코늄95·세륨144·루테늄106·세슘134·스트론튬90 등의 방사성 핵종도 매우 중요했다. 요컨대 체르노빌 사고 이후 초기 수년 동안 일부 지역에서는 전리 방사선의 배경을 형성하는 데 이런 것들이 세슘137보다 더 중요했다.

2. 선량계는 '핫 파티클'을 감지할 수 없다

진정한 실효 선량을 추정하는 것은 불가능하다. 그것은 선량계가 용융溶融

**1986년 5월 1일 폴란드 크로코프 지방의
0~5센티미터 토양에서 검출된 체르노빌 유래 방사성 핵종의 농도**

(1제곱미터당 베크렐)

방사성 핵종	활성	방사성 핵종	활성
텔루륨132	2만9300	세슘137	5200
요오드132	2만5700	세슘134	2700
요오드131	2만3600	바륨140	2500
텔루륨129m	8000	란타넘140	2400
루테늄103	6100	몰리브덴99	1700

출처: 브로다, 1987

표 10-2

1986년 7월 말 키예프의 칠엽수 잎에서 검출된 체르노빌 유래 방사성 핵종

(킬로그램당 베크렐)

방사성 핵종	활성	방사성 핵종	활성
세륨144	6만3300	세륨141	1만8000
프로메튬144	5만8800	루테늄106	1만4600
니오븀95	5만3650	세슘137	4030
지르코늄95	3만5600	세슘134	2000
루테늄103, 로듐103	1만8350	란타넘140	1100

출처: 그로진스키, 1995

표 10-3

된 핵연료의 마이크론 크기의 세라믹 입자인 핫 파티클을 감지할 수 없기 때문이다. 핫 파티클은 알파와 베타 방사체를 포함하며, 후쿠시마 사고 이후 미국 서해안에서 관찰됐다. 일반적인 방사선 모니터링 방법이 핫 파티클을 고

2011년 3월 후쿠시마 원전에서 방출된 것으로 추정되는 주요 방사성 핵종

(1제곱미터당 베크렐)

방사성 핵종	활성, 베크렐	방사성 핵종	활성, 베크렐
제논133	1.1×10^{19}	요오드135	2.3×10^{15}
요오드131	1.6×10^{17}	스트론튬89	2.0×10^{15}
텔루륨132	8.8×10^{16}	텔루륨127m	1.1×10^{15}
요오드133	4.2×10^{16}	스트론튬90	1.4×10^{14}
세슘134	1.8×10^{16}	안티몬129	1.4×10^{14}
세슘137	1.5×10^{16}	넵튜늄239	7.6×10^{13}
안티몬127	6.4×10^{15}	세륨141	1.8×10^{13}
텔루륨131m	5.0×10^{15}	지르코늄95	1.7×10^{13}
텔루륨129m	3.3×10^{15}	요오드132	1.3×10^{13}
바륨140	3.2×10^{15}	세륨144	1.1×10^{13}

출처: 일본 경제산업성, 2011

표 10-4

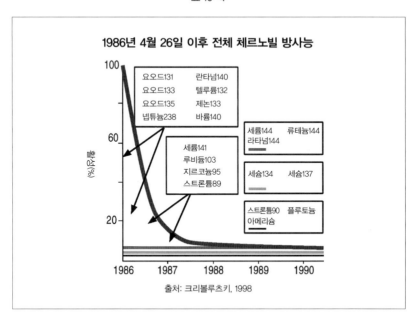

1986년 4월 26일 이후 전체 체르노빌 방사능

요오드131　란타넘140
요오드133　텔루륨132
요오드135　제논133
넵튜늄238　바륨140

세륨141
루비듐103
지르코늄95
스트론튬89

세륨144　　류테늄144
란타넘144

세슘134　　세슘137

스트론튬90　플루토늄
아메리슘

출처: 크리볼루츠키, 1998

그래프 10-5

려하고 있지 않지만, 피폭이 인체에 미치는 영향은 크다.

3. 방사성 핵종마다 영향이 다르다

진정한 실효 선량을 추정하는 것이 불가능한 것은 각 방사성 핵종의 영향이 장소와 시간에 따라 다르기 때문이기도 하다. 방사성 핵종은 생태계에 방출된 후 토양으로 수직 이동하기 때문에 대기 중의 방사선량은 금세 떨어진다. 핵종이 뿌리 부분(지표로부터 15~30센티미터 깊이)에 이르면 식물이 핵종을 다시 지표로 운반하고, 대기의 방사선량의 상승이 수년간 계속된다. 산불, 강풍, 동물의 활동도 수직 이동을 일으켜 핵종을 수백 킬로미터 떨어진 곳으로 운반한다. 토양 표면의 습도와 농도는 매일 변화하고 계절마다 다르다. 강수량과 바람에 따라 불규칙하게 변동한다. 이러한 모든 요인 때문에 일정한 장소에서 관측을 해도 방사선량은 여러 시간·일·주·달 단위로 크게 변화한다. 따라서 외부 피폭의 평균값을 정확하게 계산하는 것은 불가능하지는 않더라도 매우 어려운 일이다.

4. 변수가 너무 많아서 식사에 의한 내부 피폭량을 결정할 수 없다

방사성 핵종의 집중도는 음식의 종류에 따라 상당한 차이가 있다. 같은 음식이라도 식재료의 취급 방법과 여러 핵종의 축적 상태, 개인, 계절, 그리고 산지 음식 선호도 등의 차이로 인한 변수가 있다. 체르노빌과 후쿠시마의 데이터는 크게 다르며 평균을 계산하는 것은 의미가 없다. 물과 공기에서 섭취하는 핵종의 평균을 계산하는 것은 식품에서 섭취하는 경우보다 오류가 적다. 하지만 나이·성별·체중·기초대사 등이 다르기 때문에 정확하지

체르노빌 원전 30킬로미터 내 숲 토양 속 세슘137(위)과 세륨144(아래)의 농도

(제곱킬로미터당 퀴리)

출처: 체글로프, 1999

그림 10-6

않다. 벨라루스 사람들에 대한 공식 방사선량 계산은 실제로 방사선에 노출된 사람 중 불과 1.1퍼센트의 식품 섭취와 행동(실내 및 실외에 있는 시간)에 대한 입증되지 않은 데이터에 근거한다. 당연히 믿을 만하지 못하다.

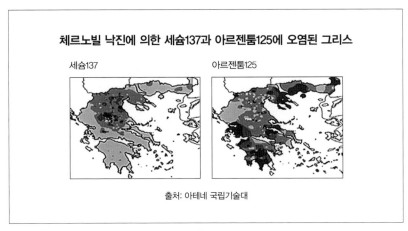

체르노빌 낙진에 의한 세슘137과 아르젠툼125에 오염된 그리스

세슘137 아르젠툼125

출처: 아테네 국립기술대

그림 10-7

5. 사람마다 방사성 핵종의 배출 기간은 다르다

방사성 핵종의 배출 기간은 개인의 건강 상태, 연령, 성별, 식습관에 따라 다르다. 내부 피폭을 계산하는데, 흡수한 핵종의 평균 배출 시간을 국제방사선방호위원회ICRP에서 권장하는 방법으로 산출해도 너무 단순해 의미가 없다. 예를 들어 ICRP에 따르면, 세슘137의 생물학적 반감기의 평균은 약 70일이지만, 4명을 조사해보니 각각 124일, 61일, 54일, 36일로 달랐다.

6. 정부에 의한 방사선량의 추정은 모든 특정 핵종의 영향을 무시하고 있다

정부에 의한 방사선량의 계산은 세슘137이 기준이지만, 발견이 어려운 아메리슘241·플루토늄238·플루토늄240·스트론튬90 등이 내부 및 외부 피폭의 주원인이 되는 경우도 있다.

7. '특정 조건 인간'으로 계산하고 있다

최근까지 이 '특정 조건 인간'은 20세의 나이에 70킬로그램의 건강한 백인 남성이라는 설정이었다. 이러한 인물을 모델로 하는 것은 매우 비과학적이고, 방사능에 대한 민감성의 연령·성별·인종에 따른 개인차를 전혀 고려하지 않는 것이다. 2010년부터 드디어 ICRP는 방사선량의 계산을 남녀별로할 것을 권장하게 됐다. 남성 모델은 골렘, 여성 모델은 롤러로 알려졌다. 그러나 여전히 모든 개인차를 무시한다.

8. 데이터는 얼마든지 왜곡될 수 있다

체르노빌에서는 현재 후쿠시마와 마찬가지로 많은 데이터가 조작됐다. 소련에서 의료 통계는 기밀 사항이었으며, 사고 후 3년 반 동안 조작됐다. 수십만 명의 사고 처리 작업자나 정화 작업자의 의료 데이터가 소련 보건 당국의 비밀 명령에 의해 부정하게 가공된 것이다. 개인의 유효 선량에 의존할 것이 아니라, 체르노빌과 후쿠시마의 사고 후를 비교해 방사성 핵종 방출의 영향에 대해 다음과 같은 객관적인 정보를 신뢰해야 한다.

- 환경과 사회 배경이 비슷하지만 오염 상황만 다른 장소에서 질병률과 사망률
- 사고 후 매년 조사한 그룹의 개인 건강 상태
- 염색체 이상과 같은 역사적으로 방사선 관련 질환에 대한 개개인의 건강 상태

다음은 체르노빌 사고 이후 방사능 오염의 실질적인 영향을 보여주는 사례다. 오염된 지역에서의 암 발병률의 상승은 빙산의 일각이다(그래프 10-8, 그래프 10-9). 수년 동안 다음과 같은 큰 변화가 통계적으로 나타나고 있다.

- 자연 유산과 조산의 증가로 이어지는 태아 발달 장애(그래프 10-10)
- 태아·신생아·영아 사망률의 상승(그래프 10-11, 그래프 10-12)
- 수많은 경증 및 중증 선천성 기형(그래프 10-13)
- 신생아의 저체중
- 뇌의 발달 장애
- 내분비계 이상
- 면역 체계 이상
- 조기 노화
- 체세포와 유전자 염색체 돌연변이와 유전적 불안정성(그래프 10-14)
- 혈액 및 순환계 이상
- 호흡기 이상
- 비뇨 생식기 이상
- 골격 조직 이상
- 중추 신경계 이상(뇌에 이상을 가져와 지능 저하와 정신 질환 유발)
- 눈(수정체)의 조직 이상(그래프 10-15)
- 소화기 계통 이상

체르노빌의 방사성 낙진이 남녀 비율 변화로 이어질 가능성도 있다. 북반구

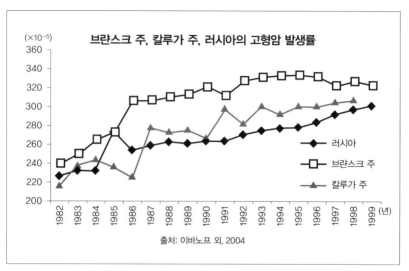

그래프 10-8

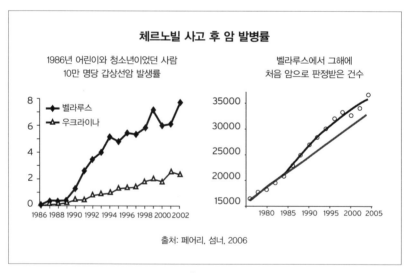

그래프 10-9

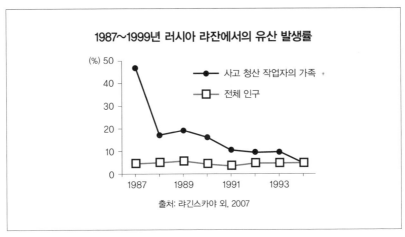

1987~1999년 러시아 랴잔에서의 유산 발생률

(%) 50

40

30

20

10

0

● 사고 청산 작업자의 가족

□ 전체 인구

1987   1989   1991   1993

출처: 랴긴스카야 외, 2007

그래프 10-10

에서 태어난 남자의 수는 사고 후 100만 명 감소했다(그래프 10-16). 건강이 불량한 경우도 수백 가지 사례가 있다. 원자력발전 추진파 과학자들은 오염지역에서의 건강 쇠퇴의 원인은 심리적인 '방사선 공포증'이라고 주장하지만, 방사능에 대한 우려가 적어지고 나서도 사망률은 계속 상승하고 있다. 주목해야 할 것은 방사선 공포증을 겪지 않은 들쥐·제비·개구리·소나무가 비슷한 질병과 돌연변이 비율 상승으로 고통받고 있다는 점이다.

체르노빌 사고의 총 사망자 수는 얼마나 될까? WHO와 IAEA는 1986년부터 2056년까지의 기간만 고려하고 있는데, 그 기간 중 9000명이 암으로 사망하고 20만 명 이상이 사고를 원인으로 한 질병에 걸릴 것으로 추정한다. 그 20만 명은 사망이나 질병 피해자 통계에 실제로 포함되지 않는다. 여론에 떠밀려, 원자 방사선의 영향에 관하여 유엔 과학위원회는 체르노빌로 인한 갑상선암, 자가 면역 갑상선염(수천 명에게 영향이 있었다), 백혈병, 백내

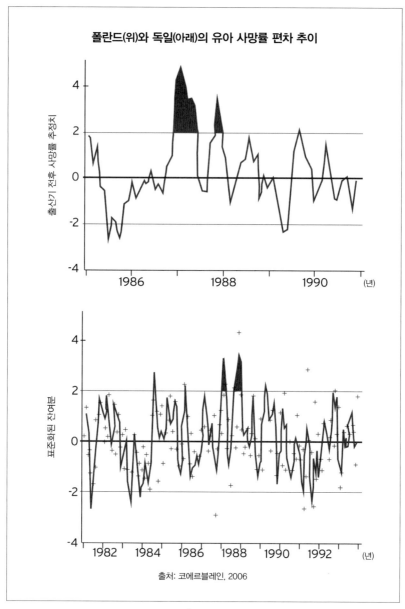

폴란드(위)와 독일(아래)의 유아 사망률 편차 추이

출처: 코에르블레인, 2006

그래프 10-11

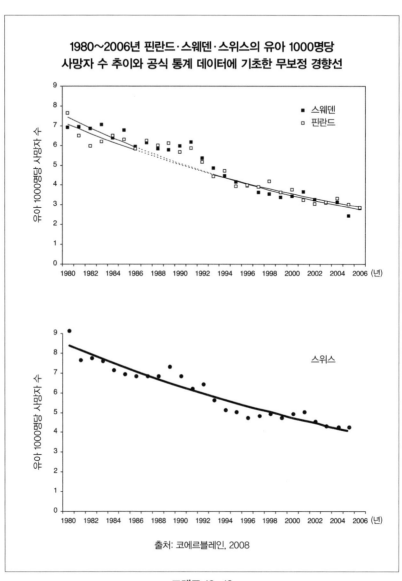

1980~2006년 핀란드·스웨덴·스위스의 유아 1000명당
사망자 수 추이와 공식 통계 데이터에 기초한 무보정 경향선

■ 스웨덴
□ 핀란드

스위스

출처: 코에르블레인, 2008

그래프 10-12

체르노빌 사고의 영향에 따른 선천성 기형

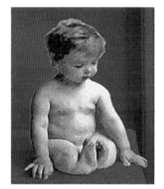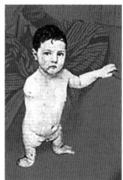

출처: '체르노빌&원자력 포털'

그림 10-13

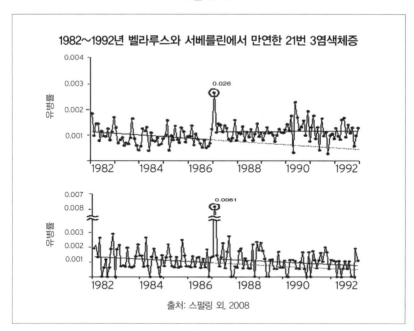

1982~1992년 벨라루스와 서베를린에서 만연한 21번 3염색체증

출처: 스펄링 외, 2008

그래프 10-14

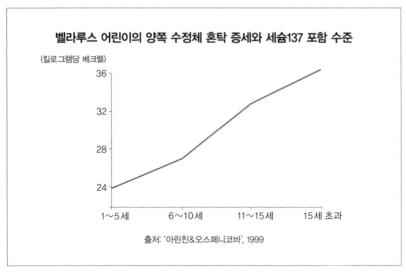

벨라루스 어린이의 양쪽 수정체 혼탁 증세와 세슘137 포함 수준

(킬로그램당 베크렐)

출처: '아린친&오스페니코바', 1999

그래프 10-15

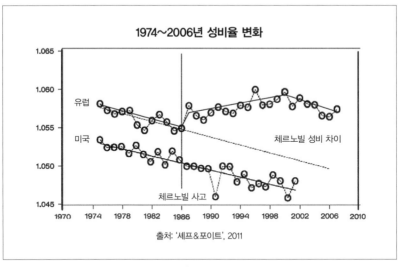

1974~2006년 성비율 변화

출처: '셰프&포이트', 2011

그래프 10-16

장에 대한 논의를 시작했다.

정부가 발표한 공식 사망률 데이터를 근거로 정확하게 계산한 결과 러시아의 여섯 개 주 가운데 1제곱킬로미터당 40킬로베크렐 이상 오염된 지역에서는 1990년부터 2004년까지 (오염되지 않은 인근 여섯 개 주에 비해) 약 4퍼센트, 23만7000명가량 사망자가 증가했다(그래프 10-8). 체르노빌 사고에 의한 방사선 핵종의 약 60퍼센트가 벨라루스와 우크라이나 외부로 유입됐고, 그 결과 1987년부터 2004년까지 유럽·아프리카·아시아는 물론, 심지어 미국도 포함해 전 세계에서 사망한 사람은 총 80만 명 가까이 된다. 예를 들어, 유럽에서의 영아 사망률의 장기 동향 조사에 따르면 체르노빌 사고 후 사망률은 급상승하고 있다(그래프 10-11, 그래프 10-12). 사고 외에 다른 원인은 생각할 수 없다.

체르노빌에서 얻은 교훈은 원자력발전이 핵무기만큼의 위험을 인류와 지구에 야기한다는 것이다.

우크라이나 리우네 주의
선천성 기형

블라디미르 베르테레키

2000년, 우리 팀은 우크라이나 리우네 주에서 태어난 모든 아이를 기록하는 국제적인 프로그램을 시작했다. 리우네 주는 1986년에 일어난 체르노빌 사고 현장에서 서쪽으로 200킬로미터 떨어진 지역이다. 목적은 선천성 이상 환자의 빈도를 측정하는 것이었다. 우리는 리우네 주의 임신부 중 70퍼센트 정도를 대상으로 초음파 검사를 실시했다. 사산아의 데이터를 검토했으며, 신생아의 진찰은 숙련된 신생아 생리학자에게 맡기고, 명백한 선천성 이상이 있는 유아는 소아과 의사나 임상 유전학자에게 진찰시켰다. 그리고 우크라이나 보건부와 EUROCAT이 승인하는 방법에 따라 한 살이 될 때까지 아이들의 이상을 기록했다. EUROCAT은 선천성 이상을 조사하는 유럽 38개 조직의 공동체다. EUROCAT의 협력으로 리우네 주의 선천성 이상 비율을 유럽의 다른 지역과 비교할 수 있었다. 그 결과 2년간 리우네 북부 폴레시아 지역에서 선천성 이상이 더 많이 발생하고 있는 것으로 밝혀졌다.

폴레시아는 체르노빌 사고로 인한 방사능에 심각하게 오염된 지역이다. 체르노빌과 똑같은 시기에 똑같은 종류로 만들어진 원자력발전소 두 기가 더 있기 때문에 오염이 더욱 커질 가능성이 있다. 이 지역의 숲 습지와 리우네 남부의 비옥한 평야는 지질학적으로 다르다. 폴레시아 토양에 의해 방사성 물질의 대부분이 식물에 흡수됐고, 결과적으로 숲·채소·우유·고기는 물론, 현지 사람들이 많이 이용하는 것들이 방사성 원소투성이가 됐다. 또 계절성 홍수와 빈번한 산불이 확산을 가속화했다.

1986년 이후 고립된 지역 주민들은 방사성 물질과 접촉할 수밖에 없었다. 폴레시아에서 생산된 우유·치즈·감자, 그 밖의 다른 음식도 토양 속 방사성 물질 때문에 오염되었다. 그리고 전체 세대의 67퍼센트가 요리와 난방을 위해 장작을 태우고 있었다. 이 장작이야말로 방사능 연기의 근원인데, 어른도 아이도 그 연기를 마실 수밖에 없었다. 또 나뭇재는 텃밭 비료로 사용됐기에, 집에서 기른 채소를 먹은 사람과 가축에 방사성 물질이 더욱 축적됐다. 수확기에 임신부는 마른 감자 줄기를 태우는 것과 같은 비교적 쉬운 일을 하는데, 줄기에는 세슘137과 스트론튬90이 흡수돼 있었고, 그녀들은 그 연기를 마셨다. 폴레시아 사람들은 계속 방사능에 피폭됐고, 그런 부모의 정자와 난자가 수정된 순간부터 또다시 다음 세대로 피해가 확산될 것이다.

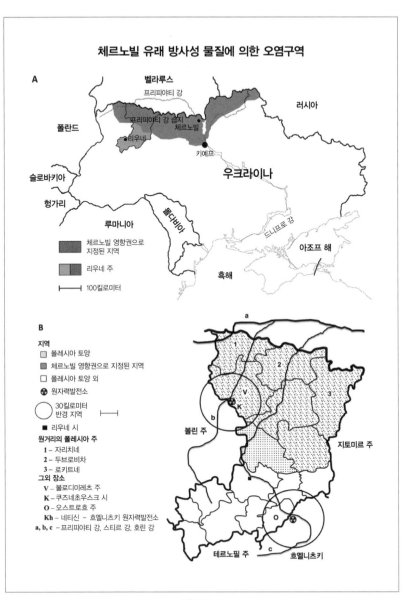

체르노빌 유래 방사성 물질에 의한 오염구역

A

벨라루스
프리피야티 강
러시아

폴란드

프리피야티 강 습지
체르노빌
리우네
키예프
우크라이나

슬로바키아

헝가리

루마니아

■ 체르노빌 영향권으로 지정된 지역
■ 리우네 주
├─┤ 100킬로미터

몰도바

드니프로 강

아조프 해

흑해

B

지역
□ 폴레시아 토양
■ 체르노빌 영향권으로 지정된 지역
□ 폴레시아 토양 외
☢ 원자력발전소
○ 30킬로미터 반경 지역 ├─┤
■ 리우네 시

원거리의 폴레시아 주
1 ─ 자리치네
2 ─ 두브로비차
3 ─ 로키트네

그외 장소
V ─ 볼로디미레츠 주
K ─ 쿠즈네초우스크 시
O ─ 오스트로흐 주
Kh ─ 네티신 ─ 호멜니츠키 원자력발전소
a, b, c ─ 프리피야티 강, 스티르 강, 호린 강

a

1
2
V
K
3

볼린 주

b

지토미르 주

O

테르노필 주

c

호멜니츠키

지도 11-1

리우네 폴레시아 지역의 마른 감자 줄기의 방사선 측정

샘플	측정		세슘137(킬로그램당 베크렐)
	스트론튬90(킬로그램당 베크렐)		
	1차	2차	
A	43.4 ± 17.2	46.8 ± 21.4	88.3 ± 36.4
B	49.9 ± 17.9	32.1 ± 24.1	63.6 ± 39.3
C	41.3 ± 19.9	46.4 ± 19.2	24.0 ± 22.0
D	82.3 ± 21.3	72.2 ± 20.0	
E	88.3 ± 23.1	84.4 ± 28.1	46.1 ± 34.6
F	95.6 ± 23.1	143.2 ± 29.6	
G	327.2 ± 86.6	87.3 ± 25.1	54.8 ± 31.4

표 11-2

세슘은 몸에 흡수되면 약 1년이라는 비교적 짧은 기간에 그 대부분이 배출된다. 한편 스트론튬은 성장하는 배아·태아·어린이에게 빠르게 흡수되고, 칼슘을 대체해 뼈나 치아 등과 결합하기 때문에 평생토록 남는다.

우리는 폴레시아의 일반적인 임신부가 하루 268베크렐을 흡수한다는 것을 밝혀냈다. 이는 소련이 성인의 상한 피폭량으로 정한 하루 210베크렐을 초과한 수치다. 성인의 누적 한도는 1만4800베크렐이며, 15세 이하는 3700베크렐로 정해져 있었다. 성장기에는 방사선에 의해 손상받기 쉽다는 것이 일반적인 생각이다. 빠르게 성장하는 태아의 상한은 아직 정해져 있지 않다.

간단하고 정밀하게 방사선 피폭을 측정하기 위해 홀바디카운터를 이용해

홀바디카운터로 측정한 리우네 진료 센터의 보행성 외래환자의 세슘137

	원거리 폴레시아(a)	근거리 폴레시아(b)	폴레시아 외(c)
임신부(d)	1156	2534	2336
베크렐 표준 초과(e)	557 (48.2%)	155 (6.1%)	3 (0.1%)
어린이(f)	1338	3671	1697
베크렐 표준 초과	162 (12.1%)	50 (1.4%)	1 (0.1%)
성인 남성(g)	2117	5885	4325
베크렐 표준 초과	136 (6.4%)	22 (0.4%)	–

(a) 폴레시아 최북단 세 개 마을
(b) 폴레시아의 다른 네 개 마을
(c) (a)와 (b)를 뺀 나머지 모든 마을
(d) 리우네 지역 진료 센터에서 자발적으로 초음파 검사를 받은 임신 여성
(e) 공식적 세슘137의 상한은 15세 이하가 3700베크렐, 성인이 1만4800 베크렐
(f) 2000∼2011년 데이터

표 11-3

임신부에 축적된 세슘137의 양을 측정했다.(스트론튬 검출은 더 어렵다.) 원거리 폴레시아(최북단의 세 개 마을)의 임신부 1156명 중 48퍼센트에서 15세 이하의 한계치인 3700베크렐을 넘는 값이 검출됐다. 검사한 임신부 6026명 중 폴레시아 지역 사람들에게서만 상당한 양의 세슘137이 축적돼 있음을 확인했다.

방사선이 성장하는 태아에 미치는 최악의 영향은 두개골과 뇌의 발달 장애를 일으키는 것이다. 그 증상으로는, 무뇌증이 있고, 엄격히 구분하자면 머리 둘레가 표준 편차보다 3배 이상 작은 소두증이 있다. 소두증은 폴레시아에서만 빈발한다는 것으로 나타났다. 우리는 폴레시아에 있는 한 마을에

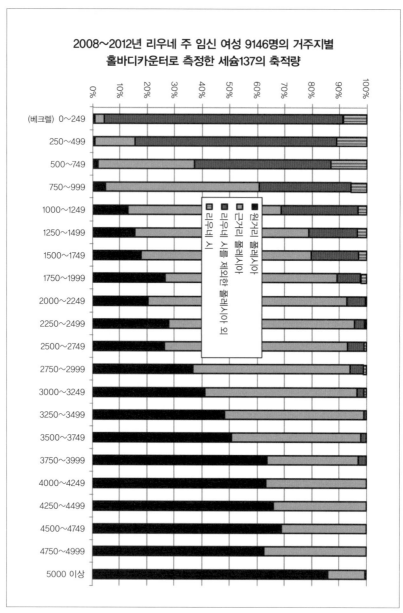

2008~2012년 리우네 주 임신 여성 9146명의 거주지별
홀바디카운터로 측정한 세슘137의 축적량

그래프 11-4

임신 여성의 알코올 섭취(%)

거주지	여성	알코올	오즈비	확률 값	신뢰구간
폴레시아	852	13 (1.53)	–	–	–
폴레시아 외	1417	67 (4.73)	0.31	0.001 미만	0.16, 0.58
리우네 시	566	36 (6.36)	0.23	0.001 미만	0.11, 0.45
흐멜니츠키 시	1062	47 (4.43)	0.33	0.001 미만	0.17, 0.63

표 11-5

태아 알코올 스펙트럼 장애FASD-비 인구 기준 조사

분류	폴레시아	폴레시아 외	합
FASD (a)	37 (a)	42	79 (b)
그리고 소두증 (c)	9	11	20
남성	7 (e)	6 (g)	13
여성	2 (f)	5 (h)	7
비 소두증	27	31	58
남성	12	19	31
여성	15	12	27
임신 기간 (d)			
35주 미만	8	10	18
35~37주	9	14	23
38주 이상	9	6	15
출생 시 체중			
2500그램 미만	21	25	46
2500그램 이상	6	6	12
출생 전 진단	6	6	12

표 11-6

서 태어난 모든 신생아의 머리 둘레를 재고, 폴레시아가 아닌 리우네 시에서도 같은 측정을 했다. 폴레시아 신생아의 머리 둘레는 리우네 시의 신생아보다 훨씬 작았다. 폴레시아의 다른 마을에서도 머리 둘레를 측정한 뒤 폴레시아를 제외한 마을의 측정값과 비교한 결과, 폴레시아 신생아의 머리 둘레는 통계적으로 매우 작은 것으로 나타났다.

기형 발생 인자는 선천성 이상이나 발생적인 변화를 일으키는 환경 요인이다. 우크라이나에서 나타난 기형 발생 인자는 방사능과 알코올이다. 모두 가벼운 소두증에서 중증에 이르기까지 선천성 이상을 일으킬 수 있다. 우리는 방사능뿐만 아니라 알코올 기형 발생 인자에 대해서도 조사했다. '태아 알코올 스펙트럼 장애에 대한 공동 전략CIFASD'과 제휴해 리우네 주 임신부의 알코올 섭취를 감시하고, 아동 발달에 미치는 영향을 검토했다. 그 결과 알코올은 소두증이나 출생 시 머리 둘레의 감소에 별로 영향을 미치지 않는다는 사실을 알게 됐다. 임신부의 알코올 섭취 분석에 따르면, 폴레시아에서의 알코올 섭취량은 다른 지역에 비해 통계적으로 적었다.

선천성 이상의 범위는 넓다. 리우네 주에서는 다운증후군이나 갈라진 입술(구개열과 관계가 있든 없든) 등의 이상이 자주 발생한다. 하지만 폴레시아의 선천성 이상 비율은 리우네 주의 나머지 지역이나 유럽 전역과 그다지 다르지 않다. 한편, 접착 쌍둥이, 기형종, 신경관 결손증 비율은 리우네 주에서 높고, 특히 폴레시아에서 매우 높다. 폴레시아의 선천성 이상 비율은 유럽에서 가장 높다. 전문가들은 배아가 돼 자궁에 착상하기 전 수정란에서 이상이 나타나는 '블라스토파시'라고 한다. 최근 분자 발생학 연구에서는, 방사선에 의한 손상 등 수정란의 성장을 느리게 하는 모든 요인은 배

신경 이상 발생 건수와 비율 (1만 명 출산당 추가 사산 비율)				
	출생	신경관 결손증	소두증	소안구증
유럽(2000~2008)*	639만2138	5860(9.2%)	1280(2.0%)	486(0.8%)
리우네(2000~2009)	14만5437	303(20.8%)	42(2.9%)	27(1.9%)**
체르노빌 영향권 외	8만976	138(17.0%)	12(1.5%)	9(1.1%)
체르노빌 영향권	6만4461	165(25.6%)	30(4.7%)	18(2.8%)**

* 31개 지역의 데이터: 오스트리아 스티리아, 벨기에 앤트워프, 벨기에 에노, 크로아티아 자그레브, 덴마트 오덴세, 프랑스 파리, 프랑스 스트라스부르, 독일 작센안할트, 헝가리, 아일랜드 코르크와 케리, 아일랜드 더블린, 동남 아일랜드, 이탈리아 캄파니아, 이탈리아 에밀리아로마냐, 동북 이탈리아, 이탈리아 시실리, 이탈리아 투스카니, 북부 네덜란드, 노르웨이, 폴란드, 남부 포르투갈, 스페인 바르셀로나, 스페인 바스크, 스위스 보, 영국 이스트미들랜드와 요크셔, 영국 노스웨스트템스, 영국 북부, 영국 남서부, 영국 템스밸리, 영국 웨식스, 웨일스
** 소안구증에서 3개 사례 제외함. 1개 사례는 신경관 결손증과 중복, 2개 사례는 소두증과의 중복됨.

표 11-7

아의 축의 중복을 일으켜 쌍둥이의 결합이나 무뇌증 같은 블라스토파시를 일으킬 수 있음을 밝혀냈다. 또한 여성 배아의 발달이 느린 것 역시 리우네 주에서 관찰되는 블라스토파시 증상을 일으킬 수 있다는 사실을 알아냈다.

체르노빌이 최악의 재앙이 된 것은 주로 소련 정부와 전문가들이 대응을 잘못했기 때문이다. 예를 들면 어떤 전문가들은, 방사능의 영향을 받아 고통 받는 우크라이나 사람들이 전리 방사선을 지나치게 두려워해 단지 방사선 공포증에 빠져 있을 뿐이라고 주장했다. 그러나 사고가 우크라이나 국민에게 미친 심각한 영향은 출산율의 급격한 하락으로 나타났고, 지금도 계속된다. 소련은 방사능 오염이 폴레시아 사람들에게 미친 중대한 영향을 무시했다. 실수를 바로잡게 된 것은 우크라이나가 독립한 후 1991년이 되고 나서다.

방사선에 의한 선전성 이상 증상

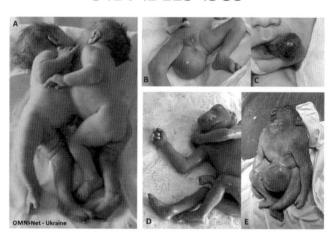

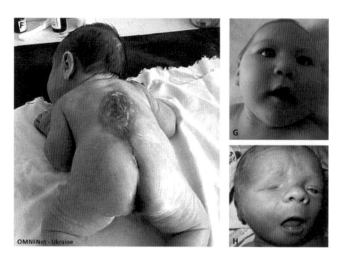

(a) 샴쌍둥이, (b)·(c) 선천성 기형종, (d) 무뇌증, (e) 대후두공 뇌탈출 기형, (f) 척추갈림증, (g) 소두증, (h) 소안구증

사진 11-8

체르노빌 방사선의 영향을 받은 지역에서 선천성 이상 비율이 상승했다는 보고는 회의적으로 받아들여지거나 묵살되어왔다. 여기에는 여러 이유가 있지만, 그중에서도 국제원자력기구와 세계보건기구, 유엔개발계획 등의 조직들이 단호하게 묵살한 것을 들 수 있다. IAEA는 "이 지역의 방사능은 상대적으로 저선량이므로, 출산율을 떨어뜨린다고는 볼 수 없다. (…) 사산, 비정상적인 임신, 출산 합병증의 수와 아이의 건강 전반에 영향을 준다는 증거는 없다. (…) 선천성 기형이 완만하지만 꾸준히 증가하고 있는 것은 (…) 이를 제대로 보고하는 병원이 늘어난 것을 뜻한다고 생각되며, 방사능과는 관계없다"고 단언했다.

이 주장은, 체르노빌 사고의 영향을 받은 지역의 실태 조사가 아니라 주로 원폭상해조사위원회ABCC가 히로시마와 나가사키에서 실시한 조사 결과를 기초로 한다. 히로시마, 나가사키와 체르노빌의 방사능의 영향은 결정적인 차이가 있다. 원자폭탄의 방사선 피폭은 외부적이고 격렬하고 단시간에 이뤄진 것이며, 잔류 방사능은 사실상 없었다. 이와 달리 체르노빌에서의 방사선 피폭은 내면적이고 작고 지속적이어서, 축적되면서 건강에 영향을 미친다. 폴레시아의 일반적인 임신부는 하루에 적어도 250베크렐을 흡수하고, 그 태아는 25세까지 220만 베크렐 이상을 흡수하게 된다. 계속 방사능에 노출된 아이들이 성장하고 또 후손을 만들면서 다음 세대로 이어진다.

ABCC가 후원한 조사의 대부분은 미국·일본·유럽에서 기형학 학회가 설립되기 이전에 이뤄졌다. 학회는 선천성 기형을 일으키는 환경적 요인을 학술 조사할 때 당시의 기준으로 만들었다. 원폭 투하 후 5년 가까이 지나

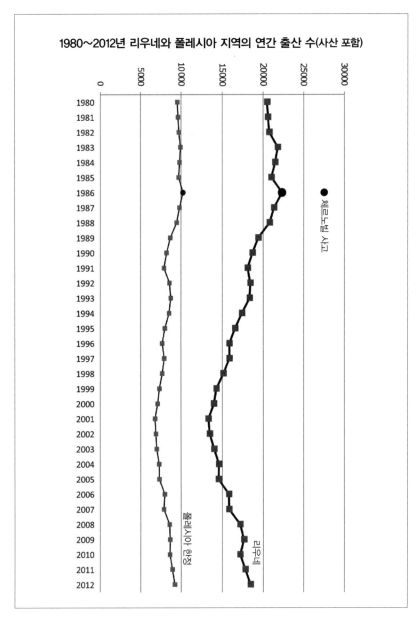

그래프 11-9

서 조사가 시작됐기 때문에 직접 피폭자를 대상으로 하지 않았다. 조사 대상자 본인들은 피폭당하지 않았지만 그 부모들이 피폭 후 식량 부족을 겪으며 살아온 사람들이었다.

ABCC가 진행한 두 가지 조사는 원폭 투하 당시 임신 중이던 어머니로부터 태어난 아이들의 선천성 기형에 초점을 맞춘다. 첫 번째는 자궁 내에서 피폭해 5세가 된 205명의 아이들에 대한 것이었다. 대조군이 없는 임상 실험에 따르면 24명(12퍼센트)에게 이상이 있었다. 그중 6명(3퍼센트)은 소두증이었고, 정신 연령이 낮은 것과 관계가 있었다. 또 다른 연구는 지적 장애에 대한 것이었다. 거기에는 소두증도 포함돼 있었지만, 선천성 기형에는 주목하지 않았다. 조사 그룹은 임신 기간의 다양한 단계에서 원폭의 방사능에 피폭한 1613명의 어린이로 구성돼 있었다. 초기 단계에서 살아남은 배란 후 8~15주, 16~25주에 피폭한 아이들에게서 심각한 영향이 나타났다. 그것은 인식 기능의 저하, 심한 지적 장애, 머리 둘레의 감소 또는 명백한 소두증 등이다.

1987년 새로운 방사선량 평가 시스템인 DS86이 도입돼 방사선량을 정확하게 측정할 수 있게 됐다. 분석 결과 자궁에 흡수된 방사선량 1그레이[1]당 지능지수IQ가 25~29포인트 감소하는 것으로 나타났다. 1000분의 1그레이의 방사선량으로 뇌신경 세포의 이동에 영향을 미친다. 1그레이는 1시버트와 거의 같고, 1000분의 1그레이 혹은 1밀리시버트는 피폭의 안전 한도를 나타낼 때 자주 사용되는 단위다. 유럽에서 일반적으로 피폭 한도는 연간 20밀리시버트지만, 생식선이나 자궁은 각각 연간 0.3밀리시버트로 돼 있다. 태아나 생식선의 경우 성인이나 신체 다른 조직에 비해 적어도 100배 이상 방사선에 의한 손상을 받기 쉽다는 이유에서다. 그것은 또 신체 외부에서 받는 피폭을 상정하고 있다.

폴레시아에서는 호흡과 식생활로 피폭된다. 방사성 물질은 음식을 통해 곧바로 혈액에 이르러 빠르게 성장하는 태아 조직에 공급된다. 폴레시아에서 무뇌증·소두증·소안구증 질환의 발생률이 높은 것은, 장기적인 내부 피폭에 의해 낮은 수준의 방사선에 태아가 계속 노출되기 때문이다. 체르노빌 사고 얼마 뒤 실시한 연구도 이를 뒷받침한다. 일련의 임상 관찰에서 선천성 기형, 특히 무뇌증의 발생이 증가하는 것으로 나타났다. 다른 조사에 따르면, 체르노빌과 떨어진 서유럽에서는 선천성 기형의 비율이 상승하지 않았다.

원자력발전소에서 일어나는 전리 방사선 피폭에 대한 연구가 미국에서 두 가지, 영국에서 한 가지 있다. 미국의 두 연구는 미국 전염병예방관리센터CDD가 후원하는 저명한 과학자들에 의해 진행됐다. 두 조사 모두 워싱턴주 핸퍼드 핵시설 부근에서 방사선의 기형 발생 영향을 해명하는 것이 목적이었다. 하나는 핵시설과 가까운 두 마을에서 신경관 결핍의 비율이 높은 것을 발견했고, 다른 하나는 부모가 직장에서 낮은 방사선 피폭을 받는 자녀들에게 신경관 결핍이 많다는 것을 확인했다. 그런데 과학자들은 조사는 타당하다고 인정했지만, 그 결과는 모순이 있다며 기각했다. 그 이유는 ABCC가 후원한 조사 결과와 충돌하기 때문이었다.

영국의 조사는 잉글랜드 북부 컴브리아에 있는 셀라필드 핵 재처리 시설에서 일하는 아버지들에 관한 것이었다. 결과는 수정 전에 외부 피폭이 선천성 이상이나 신경관 결핍에 의한 사산의 위험에 크게 영향을 준다는 것

이 그림들은 체르노빌 재앙이 우크라이나 어린이들에게
심각한 정신적 영향을 미쳤다는 것을 보여준다.

그림 11-10

을 보여준다.

주목할 만한 것이 두 가지 더 있다. 2013년 핸퍼드 핵 시설과 가까운 지역에서 신경관 결핍 발생률이 비정상적으로 상승해 눈길을 끌었다. 또한 잉글랜드 북부와 웨일스에서도 샴쌍둥이, 소두증과 더불어 신경관 결핍의 비율이 폴레시아를 제외한 유럽에서 가장 높았다. 보건 당국은 2010년부터 2013년 사이에 핸퍼드에서 100킬로미터 정도 떨어진 야키마 주변 세 마을에서 태아가 신경관 결핍이라고 확인된 임산부 27명에 주목했다. 이들 중 23명의 태아는 무뇌증으로, 그 비율은 정부가 추정하는 평균치의 3배에 달했다. 이 선천성 기형 그룹에 대한 조사는 진행 중이다. 영국에서 체르노빌 낙진의 영향이 큰 지역은 컴브리아, 웨일스, 잉글랜드 서남부로, 이곳의 신경관 결핍과 소두증의 비율은 유럽 최고 수준이다. 스칸디나비아의 중앙부도 낙진의 영향이 컸다. 노르웨이와 스웨덴에서 각각 진행된 두 연구에 따르면, 자궁 내에서 피폭한 경우 대뇌 기능에 상당한 악영향을 미치는 것으로 나타났다. 이런 결과는 폴레시아의 두 마을에서 태어난 신생아의 머리 둘레가 줄어들었다는 우리의 조사와 일치한다.

정치인들은 확실한 과학적 증거가 없고 여론의 지지가 없는 상태에서도 정책을 주장하고 수행한다. 그러나 그들은 의료 전문가가 지지하는 예방 원칙에 근거할 때 그것이 시민과 환경에 무해하다고 명시할 의무가 있다. 체르노빌의 방사선이 기형을 유발하지 않는다는 IAEA의 의견은 이 예방 원칙에 모순된다. 그뿐만 아니라 체르노빌 원전 사고가 기형을 유발하는 직접 영향 또는 잠재적인 영향을 근거 없이 부정한다면, 올바른 조사에 방해가 되기도 한다. 후쿠시마 사고에 대한 우리의 조사활동을 계기로 저선량 방사선의 기형 유발 관련 연구가 앞으로는 지속적으로 지원받게 되기를 바란다. 또한 이러한 연구 성과가 앞으로 진행될 체르노빌과 후쿠시마의 오염지역에 대한 연구의 출발점이 되기를 바란다.

언제
무엇을 알았나

아닐드 건더슨

후쿠시마 제1원자력발전소 사고의 첫 원인은 미국에 있다. 원자로를 설계한 것은 제너럴 일렉트릭GE이었고, 건설은 일렉트릭 본드 앤드 셰어 컴퍼니 EBASCO가 맡았다. 1965년 건설에 참여한 엔지니어들이 저지른 여섯 가지 치명적인 실수 때문에, 2011년 일본에 최악의 사태가 일어났다고 할 수 있다.

1. 발전소가 세워질 절벽의 높이를 35미터에서 10미터로 낮췄다.
2. 쓰나미 피해 방지 벽이 너무 낮았다.
3. 디젤 발전기를 지하에 설치했다.
4. 해안에 설치한 비상 펌프가 내수성이 아니었다.
5. 홍수에 침수되는 곳에 디젤 연료 탱크를 설치했다.
6. 마크 I형 격납 용기의 결함 때문에 방사능을 봉쇄할 수 없었다.

1~5번의 치명적인 실수는 미국의 엔지니어들이 쓰나미의 위력에 무지했기 때문에 일어난 일이다. 쓰나미는 해진海震 또는 해저 화산 폭발에 의해 발생하며, 50미터 높이에 시속 950킬로미터의 속도로 바다를 가로지른다. 과거 120년간 일본의 태평양 연안에 도달했던 유사한 쓰나미와 비교하면, 2011년 후쿠시마를 덮친 쓰나미의 규모는 평균적이었다. 1896년에는 동북 해안에 약 40미터, 1933년에는 약 28미터 높이의 해일이 밀어닥쳤다. 2011년 쓰나미의 높이는 15미터 정도였다. 비슷한 규모의 쓰나미는 1923년(약 13미터), 1944년 및 1946년(약 12미터), 1954년과 1955년(13미터 이상)에도 있었다. 1952년은 후쿠시마 제1원전이 설계되기 불과 10년 전이다. 이런 전례가 있음에도 불구하고 GE와 EBASCO 엔지니어는 후쿠시마 제1원전을 세울 터전을 해발 35미터에서 10미터의 부지로 변경하고, 불과 4미터 방파벽(나중에 5.7미터로 개축)을 건설했다. 쓰나미란 수면 자체가 높아지는 현상이다. 만약 해상에서 배를 타고 있으면 눈치채지 못할 수도 있다. 그러나 항구나 연안에 밀려오면 엄청난 위력을 과시한다. 2011년의 쓰나미는 15미터 높이에 음속으로 이동했다. 그 파도가 발전소를 덮쳤을 때는 높이가 최고 46미터에 달해 발전소의 어느 건물보다도 높았다.

중요한 것은 6번으로, 엔지니어들이 쓰나미의 위력을 경시했던 점뿐만 아니라 GE가 처음으로 마크 I형 원자로를 턴키 방식(설계에서 건설, 시운전에서 인도까지 수주 기업이 일괄 수주하는 방식—옮긴이)으로 계약한 것이다. GE는 이 발전소 건설에 6000만 달러를 쓰면서, 이후 재정이 거덜났다. 다른 원자로들도 마찬가지로 턴키 방식으로 짓고 있었기 때문에 자금이 바닥나, 비용 절감 압박이 심했다.

이와 더불어 침수 방지 설비가 안 된 지하에 예비 디젤 발전기가 설치된 것도 문제였다. 그곳은 불어난 해수의 진입로가 됐다. 발전기는 방수 시설에 설치되지 않았기에, 침수되면서 바로 작동을 멈췄다. 해안을 따라 설치된 비상용 펌프는 있었지만, 발전기에 연료를 보내는 연료 탱크도 마찬가지로 물에 잠겼다.

후쿠시마 제1원전에서 일어난 사태를 살펴보면 설계자의 판단이 얼마나 중요한 영향을 미치는지 알 수 있다. 우선, 설계자들은 격납 용기가 손상되는 일은 없을 것이라고 믿었다. 세계에 440개의 원자로가 있지만, 음속보다 빠른 충격파에 견딜 수 있도록 설계된 것은 하나도 없다. 일어날 수 없는 일이라며 가능성을 무시한 채 설계했기 때문이다. 그러나 실제로 일어나고 말았다. 그밖에 디자인에도 중대한 결함이 있었다. 미국 원자력규제위원회NRC 간부인 척 카스토는 "마크 I형은 현존하는 격납 용기 가운데 최악이며, 발전소 정전이 발생하면 틀림없이 저장 기능을 잃게 된다"고 말했다.

미국의 과학자들은 1965년 당시 이미 마크 I형 격납 용기의 설계에 결함이 있음을 인식하고 있었다. 그러나 GE의 대표이사는 "원자력 건설은 이대로 추진할 것"이라고 말했고, 그대로 건설이 진행되었다. 1966년 GE는 미국 원자력위원회AEC의 원자로 안전자문위원회와 열었던 회의에서, 별도의 격납 용기는 미국 국민을 보호하기 위해 설계된 것이라고 설명했다. AEC의 데이비드 오크런트 박사는 이렇게 전한다. 이 회의에서 GE는, 멜트다운에 더 효율적으로 대비하도록 원자로를 재설계해야 한다면, 다시 말해 위원회가 마크 I의 설계를 승인하지 않는다면 원자로 건설에서 철수하겠다는 입장을 강하게 주장했다고 한다. 당시 위원장인 글렌 시보그는 "우리가 GE를 막을 권한은 없다"고 말했다. 실제로 GE의 설계 결함을 미국 정부가 막을 수는 없었다.

후쿠시마 원전이 가동되기 시작한 당시 AEC의 간부인 조지프 헨드리 박사는 마크 I형 설계에 결함이 있고, 위험할 만큼 심각하게 우려할 만하다고 기록했다. 그는 가동을 중지해야 한다고 주장하는 한편, 마크 I형을 폐지하는 것은 원자력의 종말을 의미하고, 그렇지 않을 경우 참을 수 없는 혼란을 초래한다는 생각을 하고 있었다고 한다. 40년 전부터 마크 I형의 사고는 예견됐던 것이다.

원자로 설계자의 두 번째 그릇된 판단은 격납 용기의 누출로 이어졌다. 후쿠시마의 원자로 내에서는 압력이 매우 높아져 격납 용기를 밀폐하던 볼트가 늘어났다. 그 결과, 수소뿐만 아니라 고온의 방사성 가스와 증기가 누출되기 시작했다. 수소가 발생하는 원인은 두 가지다. 연료봉의 지르코늄 합금과 물이 반응한 것과 멜트다운이다. 멜트다운이 발생하면 콘크리트에 연료가 접촉해 수소가 방출된다. NRC는 격납 용기의 누출량을 하루에 1퍼센트로 예상했다. 그러나 2011년 3월 23일 NRC는 후쿠시마의 원자로에서 하루에 300퍼센트의 누출이 발생했다고 밝혔다. 이것은 여덟 시간마다 격납 용기 용량만큼의 가스가 외부로 방출되는 셈이다.

세 번째는 제논과 크립톤 등 불활성 가스에 대한 것이었다. 원자로의 연료는 불활성 가스를 포함하고 있는데, 연료가 정상적인 상태를 유지하는 한 가스는 방출되지 않는다. 그런데 후쿠시마 사고로 모든 불활성 가스가 방출됐다. 국민이 이러한 불활성 가스를 마시고 있었던 것을 일본 정부는 깨닫지 못했다. 사고 직후 지바 현에서 측정된 제논의 농도는 정상 수준의

40만 배였다. 8일 동안 1세제곱미터당 10만 베크렐이 누출됐다. 즉, 지바 현의 공기 1세제곱미터당 매초 1300번의 방사능 붕괴 현상이 8일간 계속됐다는 것을 의미한다.

사고 발생 후 현장에서는 4대의 방사능 검출기가 계속 작동하고 있었다. 거의 모든 기기에 공급되는 전력이 없었지만, 일부는 배터리로 작동되고 있었다. 평상시 검출됐던 방사선량은 0.04마이크로시버트 정도였지만, 사고 발생 다음 날 오전 5시에는 보통 값의 10배, 오전 6시에는 60배, 오전 9시에는 150배, 오전 10시에는 700배가 측정됐다. 방사능 검출기 주변에서 반나절 만에 1년 치 피폭에 노출되었으리라는 계산이 나온다.

그후 배출구가 열렸다. 이것으로 이미 격납 용기에서 누출이 발생했다는 사실을 알 수 있다. 오후 3시, 방사능 검출기는 평상시 검출량의 3만 배에 달하는 값을 기록했다. 지바 현 주민이 10분 만에 1년 치 피폭에 노출될 만큼의 양이다. 이것은 감지기가 설치돼 있던 장소에서 측정된 값으로, 다른 곳은 더 심한 상태였을지도 모른다.

네 번째 그릇된 판단은 세슘 오염 제거에 관한 것이다. NRC는 원전 사고 후 격납 용기 아래에 있는 도넛 모양 부분인 토러스 안의 물로 세슘의 99퍼센트가 제거됐을 것으로 예상했다. 이 숫자는 제염除染 계수 100을 나타낸다고 법률에 정해져 있다. 한편, 물이 끓거나 하면 세슘을 포집捕執할 수 없기 때문에 오염이 제거되지 않는다는 의견도 있다. 일본의 전문가들은 세슘이 토러스 밖으로 누출되지 않을 것이라고 주장했지만, 데이터는 이를 반박했다. 격납 용기 내의 온도는 끓는점을 넘어섰고, 침수되어 냉각 펌프는 가동하지 않았다. 토러스 안에 세슘이 머물지 않았던 것이다.

마지막으로 핫 파티클에 관한 것이다. 2012년 2월, 나는 닷새에 걸쳐 도쿄 도로에서 다섯 개의 샘플을 채취했다. 그중 하나는 학교에 인접한 공원에서 채취한 것이다. 분석은 워체스터 공예 연구소의 마코 캘토펜이 맡았다. 각 샘플에서 1밀리그램당 7000베크렐을 넘는 수치가 측정됐다. 미국의 방사성 폐기물에서 측정할 수 있는 수치다. 도쿄 도민은 방사성 폐기물 속을 걷고 있을 뿐만 아니라 방사성 물질을 포함한 공기를 호흡하고 있던 셈이다. 도쿄에 있는 자동차의 에어 필터가 들어 있는 상자를 조사해보고 이 사실을 알게 됐다. 상자로부터 1.5미터 거리에서부터 가이거 카운터가 반응했기 때문이다. 캘토펜이 필터를 꺼내 X선용 플레이트 위에 놓고 그대로 며칠 방치해뒀더니, 접시에 탄 자국이 생겼다. 이런 상태의 필터가 장착된 차를 타고 다니는 것이다. 아이들도 마찬가지다. 에어 필터처럼 사람들의 폐도 같은 상태로 노출돼 있었다. 세슘은 아이들의 신발에서도 발견됐다. 아이들은 신발 끈을 묶고, 그 손으로 음식을 먹는다. 그렇기에 세슘은 아이들의 위장과 창자 등 뱃속까지 스며들어 있다.

후쿠시마에서 체르노빌의 세 배 수준의 불활성 가스가 방출됐다. 체르노빌에서 세슘은 2.9페타베크렐로 측정됐으며, 후쿠시마의 원자로 1, 2, 3호기에서는 그 세 배의 양이 측정됐다. 일본의 전문가들은 후쿠시마에서 방출된 세슘이 1, 2퍼센트 정도라고 말했지만, 숫자가 0이 아니라면 세슘이 제염됐다고 말할 수 없다.

체르노빌에 비해 후쿠시마 원전이 행운이었던 것은 원자로가 해안에 위치한 까닭에 재해 때 바다를 향해 바람이 불었다는 점이다. 그렇다고는 해도 바다로 흘러간 것은 대기 오염의 80퍼센트 정도이며, 나머지 20퍼센트는 산 쪽으로 흩어졌다가 비나 눈이 돼 지상에 도달했고 이후 바다로 흘러 들어갔다. 또 핵연료가 바닥에 남아 있는 원자로 건물의 균열부에서 매일 400톤의 지하수가 바다로 흘러 나가고 있다. 일본에서는 이 고농도 오염수를 탱크에 모아두는데, 2.5일마다 탱크 한 개가 찬다. 단지 지하에서 물을 퍼 올려 지진에 대비가 안 된 탱크에 넣고 있을 뿐이다. 향후 수년간 물에 녹아 유출될 것으로 보인다. 그 유출량이 체르노빌의 10배에 달하고 있는 것은 이미 다 아는 사실이다.

어느 시점에서 기술이 가진 위험성을 수용할 수 없게 되는 것일까. 제아무리 견고한 시스템이라도, 빠르든 늦든 언젠가는 어리석음이 신뢰성을 넘어서는 사태가 벌어지게 되는 것이다.

13

사용후 핵연료 풀과
방사성 폐기물 관리

로버트 앨버레즈

에너지 부처에서 일할 당시, 사용후 핵연료 풀이 핸퍼드 핵시설에 수십 년 동안 방치돼 있는 문제에 대해 논의했다. 최종 보고 때, 만약 지진이 일어나 물이 흘러나오면 어떻게 되는지 질문했다. 고참 직원은 약간 머뭇거리더니 이렇게 대답했다. "체르노빌처럼 화재가 일어날 것은 불을 보듯 뻔하다."

후쿠시마 사고는 사용후 핵연료 보관하는 일이 얼마나 위험한지 보여준다. 각 풀에는 몇 년에 걸쳐 함유된 방사성화 연료가 들어 있다. 풀에는 하나가 아닌 여러 개의 노심이 보관돼 있으며, 거기에는 원자로를 둘러싼 콘크리트와 철로 된 2차 방벽 같은 것이 없다. 현재 폭발로 인해 몇 개의 풀이 외부로 완전히 노출돼 있다. 이처럼 특별하게 디자인된 풀들은 지상에서 약 30미터 높이에 설치돼 있으며, 현재 구조상 완전한 것인지 의문시되고 있다. 이 구조는 현재와 같은 대용량을 상정했던 것이 아니라, 일시 보관을 위한 것이다. 또 지진이 일어나면, 물이 흘러나오거나 풀 자체가 손상될 위험이 있다. 만약 물이 흘러나오면 방사선 레벨이 매우 높아져, 50미터 정도 떨어진 장소에서도 시간당 500뢴트겐(약 5시버트)에 이르는 치사량에 피폭될 것이고, 어떻게 이를 막으며 긴급 대응작업을 할 수 있을까 하는 문제를 고려해야 할 것이다. 풀에서 물이 소실되면 연료가 붕괴하고 열이 발생해, 용융이나 2차 발열이 일어날 수 있다. 연료를 덮는 지르코늄 합금 피복이나 튜브가 발화해, 수백 킬로미터 떨어진 곳에 방사성 물질이 쌓이는 사태를 초래할지도 모른다.

핵연료나 사용후 핵연료는 강력한 방사성 물질이다. 이제 막 제거된 사용후 연료 집합체에, 보호 장구를 착용하지 않고 1미터 거리까지 접근하면 단 몇 초 만에 치사량의 피폭에 노출된다. 이 폐기물을 구성하는 것은 방사성 독성이 있는 물질로, 핵물질 고유의 방사성 특성에 따라 생물학적 피해를 일으킨다. 미국 정부는 사용후 핵연료를 지구상에서 가장 유해한 물질로 간주한다. 이런 방사성 독성 쓰레기는 앞으로 수만 년 동안 환경 안전과 공중 보건에 심각한 부담을 안겨줄 것이다.

후쿠시마 원전 4호기의 연료 풀에 들어 있는 세슘137의 양은 약 3700만 퀴리로, 체르노빌 사고에서 방출된 양의 약 16배다. 핵연료 100톤을 제거하는 것 역시 쉽지 않다. 크레인으로 배에 화물을 싣는 것과 같은 간단한 작업이 아니다. 안전하게 제거할 수 있는 기초 구조가 파괴됐기 때문에 수리 또는 교환을 하지 않으면 안 된다. 사용후 핵연료는 핵물질의 영향에 견딜 수 있는 크레인을 사용해 수중에서 제거한다. 그것은 다른 풀들과 연계하여 옮기는데, 대기 풀은 물론, 평상시에는 비어 있다가 이동하는 물질이

잠깐 거쳐가는 풀이 포함된다. 이런 풀들뿐만 아니라 건물 자체의 구조적 안전성도 빼놓을 수 없다.

모든 것이 순조롭게 진행되더라도 시간과 노력이 많이 드는 작업이다. 1331개나 되는 핵연료 집합체가 있는데, 한 번에 이동할 수 있는 수는 9개나 10개 정도다. 그것을 콘크리트 벽과 강철 용기로 된 드라이 캐스크(사용후 핵연료를 운반하는 용기—옮긴이)에 넣는다. 건조되고 나면 거대한 크레인으로 들어 올려 운반시설에 놓는다. 이후 사용후 핵연료와 방사성 폐기물을 넣을 수 있도록 비워진 중앙 풀로 옮긴다.

가압수형 원자로 상부에는 풀이 필요 없는 것은 아니지만, 원자로에 인접한 건물 안에는 반드시 풀이 있어야 한다. 보관 풀 대부분은 하단부가 비어 있어 신속하게 배수가 이뤄진다.

1980년대 초부터 미국 원자력규제위원회NRC는, 미국이 사용후 핵연료 및 보호 수준의 방사성 폐기물을 영구 보관할 시설을 만들 것으로 전망하여 고밀도 저장을 허용했다. 이 풀은 당초 예정보다 4~5배 양의 사용후 핵연료를 모아둔다. 원래 5년 기한의 임시 시설로 만들어졌기 때문에, 본래 필요한 핵물질의 방호 방법과 깊은 수심이 필요조건은 아니었다. 풀에는 2차 격납 시설이 없고, 그중 일부는 코스트코나 월마트, 포드 대리점 건물에 쓰일 법한 양철 지붕이다. 또 충분한 동력 설비와 독립적인 물 보충 시설을 갖추지 않아도 허용됐다. 후쿠시마 사고가 발생하고 나서야 NRC는 처음으로, 원자로 운전 제어실에 풀의 수위·수질·수온을 계측하는 장비를 갖춰야 한다는 조건을 추가했다. 그전까지는 발전소 직원이 직접 건물 내부에서 관리를 하지 않으면 제어되지 않는 원자로도 있었다. 이 작업을 게

을리했기 때문에, 뒤늦게 수위가 급격히 낮아졌다는 것을 발견하는 사태가 벌어진 경우도 있었다.

미국의 사용후 핵연료 풀에는 일본보다 많은 양이 들어 있다. 원자력 업계가 비용을 줄이기 위해 무제한 저장 방식을 채택했기 때문이다. 또 1990년대부터 NRC는 미국의 원전 운영자가 에너지를 생산하는 핵분열성 물질인 우라늄235의 비율을 높여 원자로 내에서 핵분열 시간을 효율적으로 배가시킬 수 있게끔 권한을 부여했다. 그렇게 함으로써 NRC는 사용후 핵연료와 방사성 폐기물 처리 문제보다 경제적인 쪽에 무게를 둔 원전 운영자들의 기대에 부응했다. 원자력 함대는 세계에서 가장 높은 연비의 작업을 허가받았다. 미국 국립연구위원회의 엔지니어는 "사용후 핵연료의 기술 기반은 현재 채택되지 않고 있고, 고연소도 연료의 기술 기반은 확립되지 않았다. 또한 보관 기간이 길어져 사용후 핵연료의 상태가 불안정해지는 것도 안전한 수송에 새로운 장애가 될 수 있다"고 말했다.

원자로 내부의 노동 환경은 가혹하다. 작업 중 발생한 파편이 격렬하고 세세하게 움직이기 때문에 연료의 피복 부분에 손상이 생긴다. 두께가 0.04~0.08밀리미터밖에 안 되는 피복재는 늘어나서 더 얇아지고, 연료봉 내부의 가스 압력은 2~3배 높아진다. 몇 종류의 원자로는 고효율화에 의해 노심에서 연료봉에 걸쳐 대량의 마모가 발생한다.

미국의 사용후 핵연료 풀은 2015년이면 가득 차게 되며, 원자력 업계는 건식 저장으로 전환해야 할 상황에 몰리고 있다. 풀에 더 이상 넣을 수 없기 때문이다. 그래도 업계는 고밀도로 풀에 저장하는 작업이 최종 단계까지 가능할 것으로 보고 있으며, 현재까지 고온의 사용후 핵연료 집합체를 꾹꾹 눌러 담고 있는 실정이다. 더 이상 여유 공간이 없게 되면 건식 용기를 만들기 시작할 것이다.

사용후 핵연료를 안전하게 저장하는 방법을 생각하면, 물이 손실되는 것은 매우 심각한 문제다. 미국 과학아카데미NAS에 따르면 엄청난 고온인 붕괴열에 지르코늄이 반응하면서 지르코늄 합금 피복재가 섭씨 800~1000도에서 자연 발화한다. 강력한 발열성 때문에 산불이나 폭죽의 불꽃처럼 산화할 가능성도 있다.

2003년 내가 몇 명의 동료와 함께 「사용후 핵연료 풀에 테러나 지진이 일어났을 경우의 취약점」이라는 논문을 발표했을 때, 원자력 업계의 많은 사람들이 크리스마스 카드 리스트에서 명단을 빼버리는 등 우리를 따돌렸다. 우리는 사용후 핵연료의 안전성에 대해 지난 25~30년에 쓰인 논문을 바탕으로 급진적 논조를 펼쳤다. 이러한 우리의 목소리를 불평한 NRC는 반박하는 내용의 성명서나 보고서를 여러 차례 발표했다. 이에 연방 의회는 NAS에 문제를 명확히 하도록 요구했다.

우리는 특별위원회에 참석했고, 동료인 프랭크 폰히펠이 풀에 화재가 발생하면 어떤 일이 벌어질 것인지에 대해 발표했다. 히펠은 미국의 상업용 원자로 풀에 화재가 일어나면 체르노빌 주위 저지선의 여섯 배에 달하는 범위에 피해가 발생할 것이라고 설명했다. 또 우리는 업계에서 사용하는 방법으로 재무적인 피해 추정치와 암 발생 예상치를 산출해 제시했다. 이런 사고가 일어나면 국가 기반이 흔들리고 사회가 황폐해진다. NAS는 우리의 의견을 지지하면서, 이 풀이 테러리스트의 공격에 특히 취약하고 화재가 발생하면 심각해질 수 있다며 동의했다. 그러나 NRC는 이 연구의 중요성을 감안한 조치를 취하지 않았다.

NRC가 만든 샌 오노프레 원자력발전소를 포함한 업무 공정표에는 유사시 시나리오가 포함돼 있다. 만약 샌 오노프레 작업자에게 전화가 와서, '지진이 발생하여 원자로의 지붕이 파괴되어 풀의 물이 흘러나오고, 게다가 가득 채운 핵연료봉의 상부가 이미 공기 중에 노출된다'고 보고를 한 경우 어떻게 해야 할까. 어떤 사태가 일어날까. 답변은 다음과 같다. "환경에 방출되는 260억 퀴리의 방사능 중 약 8600만 퀴리가 세슘137일 우려가 있다. 현장에서 사방으로 16킬로미터 범위에 방출된 세슘의 양은 치명적인 것이어서 노출된 사람의 절반이 사망할 수 있다. 450~520렘(약 4.5~5.2시버트)의 방사선이 방출되면 반경 16킬로미터 이내에 있는 모든 사람의 갑상선을 파괴하는 것으로 알려졌다."

또한 공정표에는 프레리 아일랜드 원자력발전소의 캐스크에 테러리스트가 지향성 폭약(폭발 에너지가 특정 방향으로 집중되는 폭약—옮긴이)을 터뜨린다면, 무엇이 얼마나 방출될까 하는 문제도 있다. 역시 다음과 같은 답변이 있다. "캐스크에서 3만 4000퀴리의 방사능이 방출돼 반경 16킬로미터 이내에 있는 사람은 즉사는 아니더라도, 치사에 가까운 피해를 입는다." 원자로에서 멀지 않은 곳에 아메리카 원주민 소수 부족의 거주지역이 있다. 갑상선의 안전한 추정 선량이 0.1~0.2렘(약 1~2밀리시버트)인 반면, 총 유효 선량(방사선의 종류와 피폭 인체 조직의 종류를 고려해 가중치를 계산한 방사선량—옮긴이)은 1.9~4렘(약 19~40밀리시버트)으로 매우 높다. 샌 오노프레 원자력발전소 반경 16킬로미터 이내에 6만 4000명의 해병대가 주둔하고 있는 세계 최대의 미국 해군 기지인 캠프 펜들턴은 아무런 도움도 되지 않는다. 이것은 국가의 안전 보장 체제가 예측 못한 사태가 된다.

후쿠시마 사고에 대해 다양한 의견의 글과 이야기가 있지만, 나는 잘 언급되지 않은 것에 흥미를 느꼈다. 발전소에는 아홉 개의 드라이 캐스크가 있었지만, 지진 및 쓰나미의 피해를 받지 않았다. 2003년에 우리는, 사용후 핵연료 풀을 당초의 목적인 이송 전 열 냉각을 위한 5년간의 임시 저장소로 사용하라고 권고했다. 또 나머지 사용후 핵연료는 건식 저장하라고 제안했다. 이를 위해 드는 비용은 35억 달러에서 70억 달러, 기간은 10년으로 추정했다. 전력 연구소의 견적은 39억 달러였고, 원자로의 가동이 한동안 중단해야 되는 것까지 고려하면 엄청난 비용이었다. 가동을 멈추지 않는다고 가정해도 이익은 적었다. 나는 원전 업계가 원전을 ATM(현금자동입출금기)기처럼 생각한다는 인상을 받았다. 혹여 소비자에게 그 비용을 부담시킨다고 해도, 이 조치로 잠재적 위험을 크게 줄일 수 있었다.

그러나 미국에서 고준위 방사성 폐기물의 처리 체계는 무너졌다. 유카 마운틴 처분장을 폐쇄하고, 사용후 핵연료는 풀에 들어갈 수 있는 만큼 담아버리려는 NRC의 시도는 연방 법원에서 기각됐다. 기각 이유는 사용후 핵연료 화재가 발생하는 사태에 대한 NRC의 예측을 뒷받침하는 실험 결과가 없었기 때문이라고 밝혔다. NRC는 이제 시간이 많이 걸리는 환경영향평가에 착수했다.

한편, 장기적으로 볼 때 미국에는 천연가스도 풍부하기 때문에, 이런 낡은 단일 유닛 원자로는 경제성이 없다. 이로 인해, 업계가 폐기물 처리보다 경제성 있는 사업에 더 몰두하도록 압박하는 근거가 되었다.

미국 국토에는 400억 리터 정도의 군사적 고준위 방사성 폐기물 보관 탱크가 있는데, 그 대부분은 주의회 의사당 돔보다 크다. 그중 약 3분의 1은 외부로 유출되고 있다. 방사성 물질의 배출을 안정시키기 위해 30년 동안 1200억 달러를 지출했지만, 배출이 억제된 것은 약 11퍼센트에 불과하다. 미국 동남부에 식수를 공급하고 있는 태평양 서북쪽의 컬럼비아 강이나 서배너 강 보호는 국가적 우선 과제다.

　미국은 60년 가까이 이 유독 폐기물을 처리할 장소를 찾고 있는데, 지구상 최고 농도의 인공 방사성 물질이 미국의 원자로에 있는 보관 시설에 저장돼 있다는 사실을 인식해야 한다. 보관 장소를 준비하기도 전에 먼저 폐기물을 내놓는 것은 앞뒤가 바뀐 처사다. 독일 등에서 자국의 사용후 핵연료를 처리하기로 한 조치와 달리, 분명 어딘가에 처리할 장소가 발견될 것이라고 흔히 생각하고 있다. 지리적으로 저장할 장소를 찾기 전에 사용후 핵연료 풀의 위험을 줄이고 안전하게 보관할 수 있도록 하는 국가적 정책이 필요하다. 군사적 목적의 고준위 방사성 폐기물을 안전하게 보관하는 대책도 국가적 과제로 고려돼야 한다. 여기에는 막대한 비용이 들지만, 미국에 존재하는 고준위 방사성 폐기물의 취약점을 방치했을 경우 치르게 될 대가는 헤아릴 수 없을 정도다.

일본과 미국에서의
방사능 위험 70년

케빈 캠프스

2010년 8월, 나는 일본에서 열린 강연회 투어에 초청을 받았다. 첫 번째 강연회는 후쿠시마 제1원자력발전소가 보이는 오쿠마 정과 후타바 정에서 열렸다. 태평양에 접한 절벽에서 북측 5, 6킬로미터 지점에 여섯 기의 원자로가 보였다. 남쪽으로 5, 6킬로미터 지점에 보이는 것은 후쿠시마 제2원자력발전소 네 기의 원자로였다.

2011년 3월 11일에 가동하고 있던 원자로의 수는 제2원전 쪽이 많았다. 그러나 무사했던 단 한 개의 외부 송전 계통이 제2원전을 참극으로부터 지켜냈다. 지진으로 외부 전력 공급이 끊겼고, 쓰나미에 의해 긴급 디젤 발전기가 작동하지 않게 되면서 제1원전에 참사가 일어났다. 제1원전에는 여섯 기의 원자로(세 기 가동 중)와 일곱 개의 사용후 연료 풀이 있었고, 제2원전에는 네 기의 원자로가 가동 중이었으며, 네 개의 사용후 연료 풀이 있었다. 도쿄에 가까운 도카이 발전소에는 한 기의 원자로와 한 개의 사용후 연료 풀이 있었다. 간 나오토 당시 총리와 에다노 유키오 당시 관방장관은, 원자로의 멜트다운과 사용후 연료 풀의 화재에 의한 '악마의 연쇄 반응'이 일어날 우려가 있다고 인정했다. 만약 그 시나리오가 현실이 되면 3000만 명의 시민이 도쿄에서 피난해야 한다. 이 상황은 구로사와 아키라 감독이 1990년에 만든 영화 「꿈」에서 후지산을 배경으로 원자로가 폭발하고 있는 장면과 비슷하다.

후쿠시마의 원자로는 미국에서 참사를 일으킨 제너럴 일렉트릭의 마크 I 비등수형 원자로다. 그러나 미국의 원자력 기술과 일본의 관계는 엔리코 페르미가 맨해튼 계획의 일환으로 세계 최초의 원자로 시카고 파일 1호를 가동시킨 약 70년 전으로 거슬러 올라간다.

당초 계획은 시카고 중심지에서 32킬로미터 정도 떨어져 있는, 나중에 아르곤 국립 연구소가 들어선 곳에 프로토타입의 원자로를 세우는 것이었다. 그러나 시간이 부족했고, 페르미는 시카고 도심 끝자락에 있는 시카고대에 원자로를 설치했다. 그는 학장에게조차 이 사실을 통보하지 않았다. 절대 안전하다고 상사들을 설득하려 했지만, 결국 예방 조치를 강구하라는 지시를 받았다. 그래서 페르미는 몇 명의 대학원생에게 사고가 발생했을 경우 화학 용액을 투입하러 가는 '결사대'의 임무를 맡겼다. 그는 또 나중에 안전 제어봉 절단원SCRAM으로 불리게 되는 작원업을 배치했다. 원자로가 제어 불능 상태에 빠질 경우, 도르래에 매달려 있는 제어봉의 밧줄을 도끼로 잘라 원자로 안으로 떨어뜨리는 것이 임무였다. SCRAM이라는 용어는 그후 원자력발전 업계에 정착했다. 그러나 후쿠시마의 사례에서 알 수 있듯이,

진도 9의 지진이 발상했을 때 제어봉을 원자로에 떨어뜨려도 노심을 냉각시키지 못한다면 붕괴열이 멜트다운을 일으키고 말 것이다.

1945년 7월 16일, J. 로버트 오펜하이머와 레슬리 그로브스 장관은 트리니티 실험이라 불리는 플루토늄 폭탄 실험을 뉴멕시코 주 앨러머고도에서 시행했다. 이는 8월 9일 나가사키에 폭탄을 투하하기 전에 한 실험이었다. 8월 6일 히로시마에 투하한 우라늄 폭탄은, 성공을 확신했기 때문에 사전 실험을 하지 않았다. 전쟁을 끝낼 생각이 없었던 잔인한 미국 정부는 히로시마와 나가사키의 원폭 폭심지를 나중을 위한 '실험지'로 삼을 생각이었다. 비슷한 실험을 그곳에서 계속하려고 했던 것이다.

냉전시대, 소련과의 군비 경쟁으로 태평양에서 비슷한 실험이 이뤄졌다. 1953년 12월 8일, 유엔에서 아이젠하워 대통령이 연설한 '원자력의 평화적 이용'은 정치적 선전에 불과했다. 우라늄 채굴·제련·전환·농축 등의 사업은 확대됐지만, 어떻게 이것을 미국 국민에게 파느냐가 과제였다. 간단히 말하자면, 그들은 원자력과 관련된 모든 것에 스마일 마크를 붙였다. 펜실베이니아 배송 포트에서 하이먼 리코버의 지휘 아래 첫 '민간' 원자로가 가동하기 전의 이야기다. 1960년대 후반부터 1970년대 전반에 걸쳐 상용 우라늄의 매매가 활발해지기 전에는 미국 국내의 우라늄 대부분이 수년에서 수십 년 동안 군비 경쟁을 위해 사용됐다. 원자로의 연료로 우라늄이 공급된 것은 그후의 이야기다.

'캐슬 브라보'는 1954년 3월 1일 비키니 환초 등의 장소에서 미국이 수행한 일련의 수소 폭탄 실험의 암호명이다. 브라보 실험은 계획대로 되지 않았다. 폭탄 설계자 중 한 명인 에드워드 텔러와 다른 과학자들이 이 폭탄의 위력을 잘못 계산했기 때문이다. 그들은 5메가톤(TNT 환산 질량—옮긴이)을 기대했으나 실제로는 15메가톤이나 됐다. 이것은 지금까지도 미국의 핵무기 실험 가운데 사상 최악의 방사능 오염 사고다. 불운하게 일본의 참치 어선 제5후쿠류마루 호가 근해를 항해하고 있었다. 미국은 당초 이 해역을 출입 금지 해역으로 설정하지 않았으나, 나중에 금지 해역에 포함했다. 어선은 위험 해역을 지나고 있었고, 결과적으로 23명의 승조원 중 절반 정도가 피폭으로 숨졌다. 그중 한 명은 수개월 만에 사망했는데, 이 사건을 계기로 일본 국민이 반핵운동을 벌였고, 수천만 명이 원자폭탄과 수소 폭탄의 실험에 반대하는 서명을 했다. 히로시마에서만 100만 명의 서명이 모였다. 전후 일본의 충성심을 쟁취하기 위해 소련과 중국 공산당이 이 상황을 이용할 수도 있어서 미국이 우려할 만한 사태였다.

미국은 평화를 위한 원자력 캠페인을 강화하기 위해 일본에 미국 중앙정보부CIA를 파견했다. 미국 원자력위원회AEC 위원장인 루이스 스트라우스는 그의 부하와 함께 앞장서서 일본 해산물의 방사선 오염은 대단한 규모가 아니라고 강조했다. 'A급' 전범 용의자였고, 일본의 '시민 케인'으로 알려진 미디어 거물 쇼리키 마쓰타로가 일본의 가장 영향력 있는 신문과 TV를 조종했다. 그는 왕성한 정치적 야심을 가지고 있었으며, 반세기에 걸쳐 일본을 지배한 자유민주당의 창립에 힘을 보탰다. 그가 CIA에 협력한 사실이 알려진 것은 2006년의 일이다. 그의 임무 중 하나는 일본 국민에게 원자력을 파는 것이었고, 열정적으로 일했다. 초반에 사업 기회를 잡기 위해 나선 몇 개 기업 중 하나는 쇼리키가 속한 곳이었다. 제너럴 다이내믹스가 원자력 사업에 먼저 진출했고 GE도 곧 뒤따랐다.

이렇게 플루토늄 보이의 마스코트와 함께 악명 높은 일본의 '원자력촌'이 탄생했다. 원자력 산업, 전력 회사, 정치 지도자, 정부 진흥 기관과 규제 기관, 홍보 회사, 학계, 노동조합, 지방 공무원 등으로 이뤄진 복합체는 시간이 지나면서 일본 정계와 재계에서 가장 힘 있는 집단으로 성장했다. 광고비가 들어간 캠페인은 '원자력 안전 신화'를 유지하기 위해 아이들을 대상으로 삼곤 했으나, 후쿠시마 참사로 그 신화는 산산조각이 났다.

미국에는 총 140기 정도의 상업용 원자로가 있으며 이중 100기가 현재 가동 중이다. 캐나다에도 20기 이상의 원자로가 있다. 일본은 미국과 프랑스(58기)에 이어 세 번째로 원자로가 많은 나라다. 일본에는 상업용 원자로 54기가 있었으며, 그중 4기가 후쿠시마 재앙으로 망가졌다. 일본에는 또 문제를 안고 있는 실험용 고속 증식로 '몬주文珠'가 있다. 후쿠이 현의 불교도가 원자력에 대한 찬성과 지지를 얻으려는 목적으로 불교의 문수보살에서 유래한 이름을 붙인 것이다. 후쿠이 현에는 대단히 많은 원자로가 있는데, 일본의 어떤 현보다도 많은 14개의 원자로가 짧은 해안선을 따라 세워져 있다. 일본의 반핵운동과 국민이 대단한 것은 후쿠시마 사고 발생 후 안전 점검 강화, 연료봉 교환, 유지와 보수를 위해 모든 원자로의 운전 정지를 이뤄낸 것이다. 그후 재가동된 것은 후쿠이 현의 오이 원전에 있는 2기뿐이며, 그것도 한시적으로 가동된다. 한편 미국에는 어마어마하게 많은 원자로가 있으며, 그것들은 조만간 영원히 가동을 멈춰야 할 만큼 취약하다. 멜트다운이 발생하기 전에 원자로 운전을 정지해야 한다. 미국과 일본에서 일어난 원자력 사고를 비교하면 놀라운 유사점이 있다.

- **작업자의 과도한 노출** 1981년 후쿠이 현 쓰루가 원전에서 연료봉 파열로 작업원 300명이 과도한 방사선에 노출됐다. 이 사고는 1970년대에 미시간 빅락 포인트에 있는 실험용 원자로에서 플루토늄 혼합 산화물 MOX 연료봉이 파손되면서 유해 방사선이 대량으로 방출된 사고를 연상시킨다. 유사한 사고는 2009년에도 북미 최대의 원전, 캐나다의 오대호에 있는 브루스 원자력발전소에서 일어났다.

  방호 마스크를 착용하지 않은 작업자 수백 명이, 방사선에 오염된 파이프에서 작업하는 동안 알파 입자를 방출하는 방사성 물질에 피폭됐다. 현재 발전소에는 여덟 기의 원자로가 있으며, 운영을 담당하는 온타리오 발전은 휴런 호수에서 1.5킬로미터도 떨어지지 않은 곳에 '낮은 수준에서 중간 수준'의 방사성 폐기물 처리장을 만들 계획을 세우고 있다. 온타리오 호수 부근에 있는 원자로 20개의 폐기물을 처리하기 위함이다. 또한 대부분 브루스 원전의 직원인 인근 지역 주민의 상당수가 캐나다 전역의 원자로에서 나오는 고농도 방사성 폐기물 처리장 건설의 수용을 지원하고 있다. 이 계획이 실효되면 지표 담수의 20퍼센트를 차지하고, 북미의 주민 4000만 명에게 식수를 제공하는 오대호가 오염될 위기에 놓이게 된다.

- **나트륨 화재** 1955년 몬주에서 큰 화재가 발생했다. 당시 몬주를 운영하던 특수법인인 동력로 핵연료 개발 사업단이 사고와 피해 규모를 은폐하려 한 것이 드러나 수많은 시민의 분노를 샀다. 사업단은 보고서 변조, 사고 직후 영상의 수정, 직원에 대한 함구 명령 등으로 은폐를 시

도했다. 1966년 10월 5일에 노심의 일부가 붕괴를 일으킨 사고로 알려진 미시간 먼로 카운티의 페르미 원전 1호기에서도 2008년에 나트륨 화재와 트리튬의 누출이 발생하는 사고가 있었다. 주목할 만한 사실은 이 원자로가 1972년에 운전이 중지된 적 있었다는 점이다. 이 페르미 1호기와 같은 사고는 폐로에 의한 사고다. 멜트다운이 발생한 사실은 존 G. 풀러가 저서 『디트로이트를 잃을 뻔했다We Almost Lost Detroit』를 출간할 때까지 10년 가까이 알려지지 않았다.

• **재처리 시설 사고** 1997년 3월 11일 일본의 도카이 재처리 시설에서 37명의 작업원이 방사선에 피폭한 사고가 일어났다. 미국에서는 1966~1972년에 가동 중이던 뉴욕 주 버펄로 웨스트 밸리의 상용·군사용 재처리 시설에서, 화재와 누출에서 비롯되어 1년 이상 재처리 작업을 할 수 없을 정도의 작업원 피폭과 같은 수많은 사고가 있었다. 시설을 제염하는 데 든 비용은 100억 달러에서 270억 달러에 이른다. 만약 제염을 하지 않았다면 이리 호와 온타리오 호까지 오염됐을 것이다.

• **불의의 임계 사고** 페르미 2호기는 후쿠시마 제1원전과 마찬가지로 GE가 설계한 마크Ⅰ 비등수형 원자로인데, 그 크기는 세계 최대다. 같은 설계인 후쿠시마 제1원전의 1호기와 2호기를 합친 것만큼의 크기다. 페르미 2호기는 1985년 불의의 임계 사고를 일으켰다. '미시간을 낭비하지 마라Don't Waste Michigan'라는 단체의 마이클 키건은 그 사고를 폭로했고, 가동 허가가 나지 않았기 때문에 그 원자로는 3년 동안 정지됐

다. 다행히 피해자는 나오지 않았다. 1999년 6월 18일 일본 이시카와 현의 시카 원자력발전소 1호기에서 작업원이 점검 업무 중 긴급 제어 봉을 꺼내는 사고가 일어났다. 본래는 한 개의 제어봉을 원자로에 삽입해야 하는데, 조작 실수로 제어봉 세 개를 모두 빼버린 것이다. 그때 원자로는 15분 동안 위험한 임계 상태에 있었다. 이 사건은 은폐되었고, 2007년 3월 15일까지 드러나지 않았다. 두 번째로 더 심각한 도카이무라 원전 사고가 일어난 것은 1999년 9월 30일이다. 사망자가 발생한 불의의 임계 사고다. 작업원 세 명이 실험용 고속 증식로의 연료를 생산하는 과정에서 일어났다. 이 사고로 작업원 두 명이 사망하고, 다른 작업원 수백 명과 지역 주민들이 이른바 연간 피폭선량 한도를 초과하는 방사선에 피폭했다.

• **은폐** 2000년 도쿄전력의 임원 세 명이 사퇴 압력을 받았다. 1989년 원자력발전소용 증기 파이프에 금이 가 있는 것을 보여주는 영상을 직원에게 편집하라고 지시했던 것이 드러났기 때문이다. 2002년 8월에는 도쿄전력의 임원이 점검 기록을 위조해 원자로 열세 기의 노심 격벽 등에서 발견된 균열을 은폐하려 시도한 사건이 세상에 알려져 이회사의 원자로 열일곱 기가 모두 임시로 운전 정지 조치됐다. 그럼에도 불구하고, 곧 도쿄전력의 원자로 재가동은 승인됐다. 일본의 환경단체 '그린 액션'의 아이린 미오코 스미스에 따르면 일본의 반핵운동단체에 의해 다른 은폐 사실도 공개된 바 있다. 1999년 일본에 도착한 영국 핵연료 회사의 MOX 연료의 품질보증 서류가 위조돼 있었고, 그

때문에 일본의 플루토늄 연료 장전이 늦어졌다. 불행히도 처음 도착한 MOX 연료는 후쿠시마 제1원전 3호기에 장전됐다. 3·11 참사가 일어나기 불과 반년 전이다. 3호기의 폭발 규모는 가장 컸다.

미국에서는 2002년 오하이오 주 데이비스 베세 원자력발전소에서 원자로의 덮개가 부식돼 구멍이 나 있던 사건이 은폐됐다. 두께 약 18센티미터의 탄소강 뚜껑에 4밀리미터의 균열이 생겨 있었다. 영상은 미국 원자력규제위원회NRC가 보기 전에 편집됐지만, NRC는 붕산 결정이 용암처럼 분출하고 덮개가 녹슬어 있는 증거 사진을 가지고 있었다. 그런데도 규제 조치는 하지 않았다. 이런 대참사가 일어날 뻔한 사태를 은폐하는 데에는 모두 전 NRC 위원장 리처드 메저브가 관련돼 있다. NRC의 하급 검사원은 검사를 위해 운전 정지를 요구했지만 메저브를 비롯한 고위 간부들은 계속 원자로를 가동시켰다. 총괄 검사관실은 나중에 'NRC는 시민의 안전보다 기업 이익을 우선시했다'고 보고했다. 메저브는 그후 사임했지만, 지금도 원자력의 안전 문제에 대한 강연에 초청되고 있으며, 심지어 도쿄에도 초청됐다. 그는 수년 동안 다수의 법률 및 과학 분야의 조직에서 일했으며, 그중에는 미국 과학아카데미NAS와 미국 기술아카데미NAE가 설립한 조직도 있다. 원자력에 반대하는 단체 '비욘드 뉴클리어Beyond Nuclear'는 메저브가 원자력 사업체 두 곳의 이사회에 이름을 올리고 있다는 제보를 받았고, 이사회의 핵 시설 인근 주민의 발암 위험성 평가위원회에서 메저브를 추방하는 데 성공했다. 두 회사는 캘리포니아의 디아블로 캐니언 원자력발전소를 운영하는 퍼시픽 가스 앤드 일렉트릭과 텍사스의 커맨치 피크 발전소를 운영하는 루미넌트였다.

- **증기 폭발** 2004년 나가사키의 원폭 투하 기념일에 후쿠이 현 미하마 발전소 3호기에서 증기 폭발 사고로 작업원 네 명이 목숨을 잃었다(나중에 한 명 더 숨져 사망 피해자는 다섯 명으로 늘었다—옮긴이). 사고 후 조사에서 일본의 원전 검사 매뉴얼에 중대한 문제가 있다는 것이 발견됐다.

  버지니아의 서리 원자력발전소에서는 1972년과 1986년에 사고가 있었다. 첫 번째 사고로 두 명이 숨졌고, 두 번째 사고로 네 명이 사망했다. 네 명이 사망한 것은 미국의 원전에서 발생한 즉사 사고로 최다 기록이다. 또한 서리 원전은 다양한 종류의 드라이 캐스크 저장 실험을 하는 것으로 악명이 높다. 열전도성이 나쁜 가스가 한두 곳에서 새어 나오며, 완전 밀폐가 유지되지 않기 때문에 산소가 캐스크 안으로 들어가고, 폐기물이 과열돼 방사성 핵연료 내부의 부식이나 열화를 초래하는 것이다.

- **치명적 방사성 증기 방출** 2006년 후쿠시마 제1원전에서 방사성 증기 방출이 일어났다. 증기 방출 가운데 특히 논란이 된 사고는 2012년 1월 캘리포니아에 있는 샌 오노프레 발전소에서 증기 발생 튜브의 결함으로 방사성 증기가 방출된 것이다. 그 사고로 인해 샌 오노프레 발전소의 원자로 두 기가 운전을 중단했다. 6억7100만 달러를 들여 최근 새롭게 설치한 증기 발생기에서 위험한 튜브 열화가 대규모로 발견됐다. 이것은 설계와 제조를 제대로 못 한 일본 미쓰비시 중공업의 책임이다.

2013년 6월 원전 운영사인 서던 캘리포니아 에디슨은 원자로 두 기의 폐로를 발표했다. 이런 대실패의 피해액은 수십억 달러에 이르며, 누가 부담하느냐를 놓고 법적 분쟁을 벌이고 있다.

- **지진** 2007년 7월 16일, 진도 6.8의 큰 지진이 도쿄전력이 운영하는 가시와자키 가리와 원자력발전소가 있는 지역을 덮쳤다. 방사능을 띤 물이 동해東海로 쏟아져 들어갔고, 변압기에는 불이 붙었으며 방사성 폐기물 컨테이너는 서로 부딪쳐 뒤집혔다. 일곱 기의 원자로를 갖춘 이 발전소는 단일 원전으로는 세계 최대 규모다. 2011년 3월 11일까지 몇몇 원자로는 운전을 재개했지만, 지진 재해 직후 모든 원자로의 운전이 다시 중단됐고, 현재도 중지된 상태다. 지역 주민들의 저항과 급격하게 진전된 반핵운동의 산물이다. 지금까지 전례가 없을 정도로 빈번하게, 때로는 수백에서 수천 명이 참여하는 대규모 시위가 벌어졌다. 그러나 아베 총리는 그런 위험에도 불구하고 원전을 재가동하기로 결정했다.

  엔터지가 운영하는 뉴욕 주 뷰캐넌의 인디언 포인트 원자력발전소는 건설 후 한참이 지나서야 단층선 바로 옆에 세워져 있는 것으로 밝혀졌다. 2008년에 단층선의 존재를 발견한 사람은 컬럼비아 대학의 지진학자다. 내진 구조로 지어지지 않은 이 발전소를, NRC는 미국에서 지진에 가장 약한 발전소로 평가했다. 캘리포니아 디아블로 캐니언 원자력발전소도 지진에 취약하지만, 샌안드레아스 단층에 가까운 것을 엔지니어들이 인식하고 있었기 때문에 다소 견고하게 만들어졌다. 그러나 지금까지 발견되지 않았던 단층이 최근 디아블로 캐니언 근처에서 발견됐다.

- **원자로 압력 용기의 취약성**　그밖에도 특히 가압수형 원자로가 직면하고 있는 위험으로는, 수년에서 수십 년에 걸친 중성자 충격에 의해 약 20센티미터 두께의 압력 용기가 쉽게 부서지는 문제를 들 수 있다. 금속에 포함된 불순물이 균열을 일으켜 늘어나 금속의 연성을 저하시킨다. 만약 멜트다운을 막기 위한 마지막 수단으로 긴급 노심 냉각 시스템이 작동하게 되면, 온도 저하에 따른 열 충격과 높은 압력 때문에 마치 찬물에 뜨거운 유리를 넣은 것과 같은 상황이 되기에 용기가 손상될 수 있다. 용기가 손상되면 노심을 냉각하는 기능이 정지해 돌이킬 수 없는 사태가 일어난다. 멜트다운을 막을 다른 방법이 없기 때문이다. 규슈 사가 현에 있는 겐카이 원자력발전소의 1호기와 엔터지가 운영하는 미시간의 팰러세이즈 원자력발전소의 원자로 압력 용기는 미국과 일본에서 최악의 취약성을 띠는 것으로 판명되었다.

- **방사성 폐기물 유출**　현재 단일 발전소에서 가장 많은 양의 방사성 폐기물이 유출될 위험이 있는 곳은 후쿠시마 제1원전의 4호기다. 2011년 3월 수소 폭발로 원자로 건물이 심하게 손상을 입어 붕괴될 우려가 있다. 만약 붕괴된다면 저장 풀에 있는 수백 개의 핵연료 집합체에 의해 방사능 아수라장이 될 것이다. 이 경우 방출될 방사성 물질의 양은 지금까지 이미 외부로 샌 양에 비할 바가 아니다. 미국의 고준위 방사성 폐기물 저장 풀은 후쿠시마 제1원전의 4호기에서 나오는 양보다 몇 배 더 수용할 수 있지만, 이것으로 위안 삼을 수는 없다. 왜냐하면 일본뿐만 아니라 미국 내의 저장 풀의 구조도 견고하지 못해, 고준위 방사

성 폐기물이 발화하면 미국에도 참사를 가져올 수 있기 때문이다.

높은 수준의 폐기물 유출은 과거에 미국에서도 일어났다. 미국 에너지국은 워싱턴 주와 오리건 주의 경계를 흐르는 컬럼비아 강에 여섯 개의 지하 저장 탱크에서 고준위 방사성 오염 슬러지가 연간 4킬로리터 정도 유출되고 있다고 밝혔다. 폐기물은 군대가 재처리한 것과 냉전 때 사용된 무기고에서 나온 것이었다. 핸퍼드 핵 시설에는 177개의 탱크에 20만 킬로리터의 고준위 방사성 폐기 오염수가 들어 있다. 177개 중 149개는 홑겹 구조로, 누출이 발생하면 오염된 물이 곧바로 외부 환경으로 흘러나온다. 이중 구조의 나머지 탱크에서도 누출은 이미 시작되고 있다. 핸퍼드 핵시설에 있는 방사성 폐기물은 최신식의 이중 구조 탱크로 옮겨야 한다. 고준위 방사성 폐기물을 안정적이고 장기적으로 저장하기 위해 먼저 오염된 물과 슬러지를 유리화하지 않으면 안 된다.

상용 발전소에서도 고준위 방사성 폐기물에서 나오는 트리튬이나 위험한 방사성 핵종의 누출이 확인되며, 그 양은 놀라운 속도로 증가하고 있다. 토양·지하수·지표수로 누출됐음이 확인된 발전소는 다음과 같다. 조지아 해치, 뉴욕 인디언 포인트, 애리조나 팔로 베르데, 뉴저지 세일럼, 뉴욕 주 브룩 헤이븐 국립연구소 고중성자속 빔 원자로, 버지니아 BWX 테크놀로지, 캘리포니아 샌 오노프레, 뉴햄프셔 시브룩, 테네시 와츠바.

NRC는 미국의 고준위 방사성 폐기물 저장 풀에서 새로이 누출이 일어나고 있음을 인정했지만, "누출된 물은 풀의 유출물 저장 시스템에 모아지고 있다"고 주장했다. 이런 풀이 있는 곳은 플로리다 크리스털 리버, 오하이오 데이비스 베세, 캘리포니아 디아블로 캐니언, 아이오와 드웨인 아널드, 뉴저지 호프 크리크다. 워싱턴 케오니에서도 유출된 사실이 보고됐으나, NRC는 단지 "흰색 붕산 침적물로 있을 수 있는 붕산이며, 사용후 연료 풀 옆에 있는 폐기물 고화처리실의 벽과 천장에서 발견됐다"고만 언급했다.

2010년 비욘드 뉴클리어의 폴 건터가 발표한 보고서 『유출에서 치유까지Leak First, Fix Later』에 따르면, 가동 중인 대부분의 원자로에서 토양과 지하수로 또 지상으로 유출된다는 것을 알 수 있다. 비욘드 뉴클리어의 보고서 『미국 원자력발전소의 일상적 방사성 물질 방출』에서는 원자로를 포함한 우라늄 연료 사이클의 모든 단계에서 방사성 물질이 공기 중이나 수중으로 '정기적'으로 방출되는 것이 '용인'되는 문제가 언급된다. 피폭 '용인'치나 '허용'치를 '안전'치와 혼동해서는 안 된다. 아무리 낮은 방사선량이라도 발암 위험을 높이며, 그 위험은 평생 축적된다. NAS는 수십 년 전부터 여러 보고서에서 이를 공인하고 있다.

방사성 폐기물 문제에 대한 해결책은 오류로 가득 차 있다. 유일하고 올바른 해결책은 먼저 방사성 폐기물을 더 이상 늘리지 않는 것이다. 일본에서는 후쿠이 현의 오이 원전을 제외한 모든 원자로의 재가동이 저지돼 한동안 방사성 폐기물이 생겨나지 않게 됐다(오이 원전은 2015년 10월 현재에도 가동 정지 중이며, 센다이 원전은 재가동되었다―옮긴이). 미국에서 원자로의 운전이 중단된 것은 위스콘신 케오니, 플로리다 크리스털 리버, 캘리포니아 샌 오노프레 2호기와 3호기다. 2014년

말 버몬트 양키도 정지될 것으로 알려져 있다(2014년 12월 29일 정지됐다─옮긴이). 즉, 이 발전소에서는 더 이상 새로운 고준위 방사성 폐기물이 나오지 않는다. 미국에서 원자로 운전 정지가 이루어진 것은 15년 만이며, 끈질긴 반핵운동의 성과다.

이미 발생한 고준위 방사성 폐기물에 대해 미국의 환경단체는 현장 보관의 강화를 요구하고 있다. 테러 가능성에 대비해 방사성 폐기물 보호를 강화하고, 장기적인 누출을 막기 위한 임시 조치로 위험하다고 판단되는 저장 풀을 일시적으로 비우며, 드라이 캐스크의 성능을 향상시키는 것이다. 현장 보관을 강화하는 것은 재처리를 포함하여 불필요한 임시 보관으로 인한 위험 증가를 막으려는 목적도 있다.

한편, 미국의 원자력 산업계는 납세자에게 고준위 방사성 폐기물의 책임을 전가하려 한다. 미국 상원의원 론 와이든(오리건, 민주당), 다이앤 파인스타인(캘리포니아, 민주당), 러마 알렉산더(테네시, 공화당), 리사 머코스키(알래스카, 공화당), 앵거스 킹(메인, 무소속)은 에너지 절약과 블루리본 위원회(원자력의 미래를 검토하기 위해 만들어졌다─옮긴이)와 함께 2021년까지 '일시적 통합 보관'을 제안하고 있다. 이것이 실행된다면, 방사성 핵연료가 미국 많은 주에서 트럭·기차·화물선 등으로 옮겨져, 그 위험성이 전례없을 정도로 높아질 것이다.

오바마 행정부는 미국 에너지국이 제안한 유카 마운틴 저장 계획을 현명하게 기각했다. 이 계획은 오이스터 크리크의 원자로에서 저지 쇼어로 고준위 방사성 폐기물이 들어 있는 용기 111개를 수로를 이용해 옮기고, 스태튼 아일랜드를 지나 뉴어크로 수송하는 것이었다. 고준위 방사성 폐기물을 실은 58척의 수송선이 허드슨 강 인디언 포인트에서 저지 시티까지, 맨해튼 부근을 통해서 항해하게 된다. 또한 코네티컷에서 롱아일랜드 사운드를 통해 뉴헤이븐까지 42대의 수송선이 항해한다는 것이다.

사우스 캐롤라이나의 서배너 리버 사이트와 뉴멕시코의 핵 폐기물 분리 시험 시설은 상용 사용후 핵연료 폐기물 처분장의 유력 후보로 거론되고 있다. 이곳은 이미 군의 방사성 폐기물 오염과 투기물에 시달리고 있다. 미국 원주민 보호 구역도 후보로 거론되는데, 이것은 방사능 문제와 관련된 명백한 인종차별의 사례다. 시카고의 서남쪽에 위치한 일리노이 주 모리스의 드레즈든 원자력발전소도 후보가 될 가능성이 있었다. 그러나 드레즈든의 3기의 원자로에는 이미 3000톤의 방사성 핵연료가 저장돼 있는 데다 GE와 히타치 모리스가 운영하는 저장 풀이 지척에 있다. 이 풀은 설계 불량으로 한 번도 운전되지 않은 재처리 시설이다.

만약 서배너 리버 사이트에 방사성 핵연료를 모으면 재처리는 훨씬 쉬워진다. 그러나 지금까지는 미국 내 다양한 계층의 다양한 단체가 재처리 재개의 움직임을 막고 있다. 핵무기 확산과 환경에 미치는 위험성, 엄청난 비용 등이 그 이유다. 다쿠보 마사와 가쓰다 다다히로 박사와 같은 일본의 연구자와 활동가는 드라이 캐스크 보관 등 재처리에 대한 대안을 요구하고 있다.

미국은 물론, 일본에도 마크 I형과 II형의 원자로가 있다. 두 가지 모두 GE 제품으로, 끔찍할 만큼 설계상의 결함을 안고 있는 비등수형 원자로다. 경비 절감을 목적으로 만들어진 격납 용기는 작은 데다 약하다. 이는 후쿠시마 제1원전의 사고로 명백해졌다. 1972년 미국 원자력위원회AEC 안전 관리자였던 스티븐 하나워 등 많은 사람이 수년 동안 그 결함을 지적해왔다. 'GE 스리'라고 불린 그레고리 C. 마이너, 리처드 B. 하버드, 데일 G. 브리덴보가 그들이다. 그리고 1986년 NRC의 안전 관리 부서 간부였던 해럴드 덴턴도 있다. 그러나 지금도 미국 내에는 스물세 기의 마크 I형과 여덟 기의 마크 II와 유사한 형태의 원자로가 가동되고 있다. 멜트다운이 발생하기 전에 가동을 중단해야 한다. 일본 정부와 전력 업계가 유착해 멜트다운을 은폐하려 한 사실이 후쿠시마에서 일어난 참사의 원인을 조사한 일본 국회 사고조사위원회가 밝혀냈다. 미국에도 원자력 산업, NRC, 민선 의원이라는 비슷한 도식의 유착이 존재한다. 펜실베이니아 해리스버그에 살면서 오랫동안 핵시설을 감시해온 진 스틸프는 1999년 미시간에서 열린 반핵 항의 집회에 참가했다. 깃발에는 "스리마일 섬, 체르노빌, 다음은 어디?"라고 적혀 있었다. 정답은 물론 후쿠시마였다.

후쿠시마 사고 이후
식품 감시

신디 폴커스

후쿠시마에서 방출된 방사성 물질이 미국에 직접 닿았다. 거기에는 요오드 131·세슘134·세슘137 등의 방사성 동위원소가 포함됐다. 요오드131의 반감기는 8일이기 때문에, 사고 직후 몇 달 동안 건강을 해칠 우려가 있었다. 새로운 노출의 위험은 없지만, 사고 후 초기에 요오드131에 노출됐던 사람들은 몇 년 후에 나타날 수 있는 갑상선 질환 등의 발병을 모니터링해야 한다. 세슘134의 반감기는 약 2년, 세슘137은 약 30년이다. 수십 년(세슘134)에서 수백 년(세슘137)에 걸쳐 건강에 피해를 미친다. 앞으로 긴 시간을 들여 세슘이 어떻게 환경에 축적되고 생물에 농축돼 식량 공급과정으로 들어오는지 고찰해야 한다.

방사성 물질의 종류에 따라 일부는 체외에서는 큰 피해를 주지 않지만, 흡입되거나 체내로 섭취됐을 때 몹시 큰 피해를 입히는 경우가 있다. 몸 안에는 방사선을 방어할 만한 게 아무것도 없기 때문이다. 베크렐 단위로 표현되는 모든 붕괴, 즉 '히트hit'는 손상을 주고 병을 일으킨다. 어떤 종류의 방사선은 쉽게 가로막히기 때문에 이런 종류의 방사성 핵종이 식품에 포함된 경우에는 측정하기가 어렵다.

일반적으로 감마선은 측정이 용이하다고 알려져 있다. 과일이나 해산물 등 대부분의 물질을 쉽게 통과해버리기 때문이다. 따라서 식품 샘플을 적게 준비해도 되기 때문에 감마선이 테스트에 사용된다.

방사성 핵종 세슘137은 감마선을 방출하기 때문에 가장 일반적으로 측정에 이용된다. 세슘의 감마선이 검출되지 않았다 하더라도, 우려되는 스트론튬90과 플루토늄239 등이 포함돼 있지 않다는 의미는 아니다. 사실 후쿠시마에서 세슘 외에도 스트론튬90과 같은 방사성 동위원소가 대량으로 쏟아져나오기에 전문가들 사이에서는 우려가 커지고 있다. 방사성 동위원소들은 점점 많은 양이 관측될 것이고, 더 나아가 해산물 공급도 위협할 것이다. 따라서 감마선만을 조사하는 것은 커다란 한계가 있겠지만, 식품 검사 프로그램의 출발점으로는 합리적이다.

세슘 오염을 발생시키는 것은 후쿠시마뿐만이 아니다. 우리는 여러 세대에 걸쳐 다양한 방법으로 인간이 만들어낸 방사성 물질에 노출돼왔다. 세계 각지에서 폭발한 원자폭탄에 의해 방출된 세슘의 양은 954페타베크렐(1페타베크렐=1000조 베크렐)이다. 또 가동하는 원자로에서도 공기 중이나 물속으로 방사성 동위원소가 유출된다. 사고가 일어나지 않아도 이런 물질은 다량으로 방출된다. 미국 내 원자로에서 나오는 세슘137과 세슘134의 총량에 관한 유효한 데이터는 없지만, 이를 산출하지 않으면 안 된다. 하지만 그 기초가 되는 유출량과 방출량 데이터는 별도의 조직이 아니라 원자력 산업계에 의해 수집된 의심스러운 것일지도 모른다.

체르노빌에서 방출된 세슘137의 양은 85페타베크렐이었지만, 출처에 따라 26페타베크렐이나 오차가 있었다. 도쿄전력의 보도자료에 따르면, 후쿠시마에서 공기와 바다에 방출된 비활성 가스의 양은 500페타베크렐이다. 한편, 손상된 원자로에서 고농도 오염수가 계속 유출되고 있으며 멈출 기색이 없다. 실제로 스트론튬90 등은 방출량이 증가하는 추세다. 당초 도쿄전력은 후쿠시마의 방출량을 과소평가했고, 현재 제공하고 있는 정보도 신빙성을 확신할 수 없다. 이 정보를 볼 때 도쿄전력이 상황을 제어하고 있다는 징후는 여전히 보이지 않는다. 미국의 전직 원자력 담당 임원은 모든 오염수를 태평양에 버리라고 부추기고 있다.

식품 검사 프로그램은 많다. 바이털초이스와 에덴은 자체 비용으로 식품 검사를 의뢰한 미국의 민간 기업이다. 버클리의 원자력 기술부가 캘리포니아산 식품 115종류의 검사를 실시했다. 식품의 대부분은 2011년에 채취됐다. 한편 미국 식품의약국FDA, 미국 환경보호국EPA, 에너지부가 식품을 모니터링하고 있다. 해양대기청은 캘리포니아 태평양 연안으로 빠르게 흘러오는 쿠로시오 해류를 통해 오염물이 도달하는지 감시하며, 캘리포니아 연안의 해수와 퇴적물에 대해서도 검사 작업에 착수할 계획이다. 대학과 학계는 제한된 검사를 하긴 하나 이를 계속하려면 자금이 더 필요하다.

이 프로그램에는 여러 단점이 있다. 대부분의 검사는 샘플에서 감마 방사선 핵종밖에 검사하지 않았다. 후쿠시마에서 방사선이 계속 방출되어 오염은 고착되고 있는데, 검사는 심각하게 줄어들었다. 후쿠시마에서 참사가 시작됐을 때, 미국에 있는 방사선 모니터RadNet의 20퍼센트가 고장으로 작동하지 않았고, 그 때문에 EPA는 총괄 감사관에게 비난을 받았다. 게다가 식품의 일부를 그때마다 검사하는 방식으로는 잠재적 오염이나 생물 축적에 대해 알 수 있는 것이 없고, 방사선원을 특정하기도 어렵다.

한마디로 미국의 식품 검사는 충분하지 않다. 미국의 세슘 제한치인 1킬로그램당 1200베크렐은 너무 높은 데다 구속력도 없다. 따라서 실제로는 FDA가 어떤 레벨의 세슘 오염에 대해 조치를 취할지 결정할 수 있다. 이것은 기준이나 제한치가 없는 것과 마찬가지다. 일본의 제한치는 1킬로그램당 100베크렐이다. 이는 일본에서는 심각하게 오염되어 유통이 금지된 식품이 미국에 수출될 수 있다는 얘기다. 지금까지 누구도 미국의 아이들이 일본의 아이들보다 열두 배나 심한 방사성 독극물을 입에 넣는 것이 어째서 허용되는지 설명하지 못했다. 미국에서 오염 식품 정보 공개가 이뤄지더라도 보잘것없는 수준에 그쳤다.

후쿠시마 사고 이후 처음으로 방사성 물질이 방출됐을 때, 캘리포니아산 다시마에서 검출된 방사성 요오드의 양은 사고 이전보다 훨씬 높았다. 당시 이 연구를 수행한 사람들은 세슘의 양을 측정했어야 했다. 다시마는 물고기의 먹이이기에, 오염이 물고기의 몸에 축적될 우려가 있기 때문이다.

캘리포니아에서는 사료 1킬로그램당 14베크렐의 세슘134와 세슘137이 검출됐다. 다시마 같은 해조류는 생물 축적 사슬의 출발점이며, 나중에 소에 세슘이 축적될 수 있다. 버클리 모니터링 사이트는 이렇게 언급했다. "먹이사슬 결과의 시간 의존성을 이해하려면, 잔디와 토양을 조사해야 한다."

캘리포니아에서 수확해 일본의 슈퍼마켓으로 보내진 피스타치오를 검사한 결과, 1킬로그램당 18베크렐의 세슘137이 검출됐다. 일본산 쇠고기는 검사에서 합격해 판매됐다가 나중에 리콜됐다. 그러나 회수 시점은 일본의 학생들이 이미 먹고 난 뒤였다. 이 쇠고기의 세슘 함유량은 1킬로그램당 650~2300베크렐로, 미국에서는 판매가 가능하다. 1킬로그램당 2300베크렐이라고 하면 FDA가 정한 한도를 초과하지만 구속력이 없기 때문에 FDA는 특별한 조치를 취하지 않는 선택을 할 수 있고, 회수가 이뤄지지 않을 수도 있다. 또한 일본에서 프랑스로 수출된 162킬로그램의 녹차에서 1킬로그램당 1038베크렐의 세슘이 검출돼 수입 불합격 판정을 받았다. 그러나 미국은 이 차를 받아들일 가능성이 있다.

세슘134와 세슘137이 축적된 참다랑어가 태평양을 헤엄쳐 캘리포니아 해안에 도착한다. 캐나다가 정한 세슘 한도는 1킬로그램당 1000베크렐이며, 캐나다 언론들은 고도로 오염된 일본산 어류 수입을 우려하고 있다고 보도했다. 미국도 같은 걱정을 해야 한다. 해양 생물 연구팀은 2011년보다 오히려 2012년에 오염이 더 심해질 것이라 우려하고 있다. 이것은 세슘의 생물 농축에 딱 들어맞는다. 추가 검사가 필요하며, 단지 몇 년이 아니라 더 장기적으로 이뤄져야 한다.

최근 일본에서 한 검사 결과, 불가리아에서 수확한 블루베리를 원료로 이탈리아에서 만들어 수입한 블루베리 잼에서 140~160베크렐의 세슘이 검출됐다. 일본의 한도인 1킬로그램당 100베크렐을 초과했다. 이 오염은 많은 방사성 오염의 원인으로 거론되는 체르노빌 원전 폭발에서 기인한 것이다. 후쿠시마는 그중 하나일 뿐이다. 검사 주체는 아니지만 신문사가 정부에 이 제품을 회수해야 한다고 공개적으로 압력을 가했음에도 그 제품은 아마도 계속 팔렸을 것이다(실제로는 구청의 지시로 수입 업자가 회수했다 — 옮긴이). 이 브랜드의 제품은 유기농 표지를 붙여 미국에서도 판매된다. 유기농 제품과 같은 고품질을 아이들에게 먹이려고 하는 미국의 학부모들은 자신도 모르는 상태에서, 역설적이게도 이런 방사능에 오염된 음식을 주고 있는 것이다.

우리는 오염 수준을 어떻게 파악할까. 1킬로그램당 1200베크렐이라는 기준은 무엇을 의미하는 것일까. 두 가지를 기억하자. 방사선에는 안전한 레벨이란 없다는 것, 즉 세슘134와 세슘137은 우리 인간이 만들어서 방출하기 전까지 자연에 존재하지 않았던 물질이라는 것이다.

국제방사선방호위원회ICRP는 인간의 신체가 방사선 피폭에 얼마나 견딜 수 있는지를 표시하고, 각 나라의 정부는 기준을 마련할 때 이를 참고한다. 그러나 소량의 세슘이라고 하더라도 정기적으로 섭취한다면 예기치 않은 양이 체내에 축적된다. 세슘137을 1일 10베크렐 섭취한다면 3년 후 체내에 축적되는 양은 1400베크렐이나 된다. 체르노빌 사고 조사에서 체중 1킬로그램당 10~30베크렐의 세슘 체내 축적이 확인된 아이들은 심장 기능에 이상이 있는 것으로 나타났다. 체중 1킬로그램당 50베크렐의 축적이 있는 경우 돌이킬 수 없는 심근 질환이 관찰됐다. 그밖에도 낮은 수준의 축적이 있었던 사람도 호르몬 분비의 불균형은 물론, 협심증·당뇨병·고혈압 등이 확인됐다.

이러한 질환 외에도 세슘이 체내에 들어가면 방사선이 신장이나 방광에 영향을 미쳐 세슘을 배출하는 기능을 떨어뜨린다. 만성적으로 섭취하면 시간이 지날수록 체내 세슘 총량은 증가해간다는 것을 의미한다.

미국이 세슘 한도를 높게 정한 것은 공공 방침으로 사람들에게 방사선량이 높은 식품을 받아들이도록 조장하는 것과 같다. ICRP의 보고서 『원자력 사고 및 방사성 비상사태 후 장기적인 오염지역에 사는 주민의 보호에 관한 위원회의 권고의 적용』을 보자. "오염된 식품을 시장에 내놓지 않는다면 농업 경제를 유지할 수 없는 상황이고, 그런 식품이 시장 원리의 대상이 되는 경우, 오염지역 밖 소비자들의 부정적 반응을 극복하기 위한 효과적인 커뮤니케이션 전략이 필요하다"고 언급돼 있다. ICRP의 정책에는, 어떤 음식이 적당한지 소비자가 결정하는 기준이 되는 오염 수준을 공식적으로 보고하는 의무는 없다. 대신 인간이 만들어낸 방사선은 소량이면 무해하다고 호소하고 있다.

비욘드 뉴클리어는 '후쿠시마 낙진 인식 네트워크FFAN' 소속인 다른 그룹들과 연계해 FDA에 세슘134와 세슘137의 오염 한도를 1킬로그램당 5베크렐로 낮추고 구속력을 부여하라고 청원하고 있다. 현재 기준은 1킬로그램당 1200베크렐이며, 구속력도 없다. 1킬로그램당 5베크렐이라는 수치는 '핵전쟁 방지 국제 의사회IPPNW'가 보고서 『방사선에 의한 치사율 계산: 유럽 연합과 일본의 방사선 오염 식품의 공적 허용 한도』에서 권장하는 값에 가깝다. 흥미로운 것은 두 단체가 각각 다른 평가 방법을 이용해 수치를 산출했는데 비슷한 결과에 도달했다는 점이다.

또한 우리는 광범위하게 식품 테스트를 실시할 것, 그리고 어떤 낮은 수준이라도 세슘 오염이 검출된다면 공개적으로 발표하고 기록할 것을 요구해야 할 것이다. 이러한 데이터베이스가 제대로 구축되면 환경에서 세슘의 유동성과 생물 축적의 조사에 도움이 될 것이고, 이는 소비자나 연구자 모두에게 유용한 정보다. FDA에 청원하는 절차는 1년 혹은 그 이상이 걸릴 수도 있고, 현재 여전히 진행 중이다. 그동안 미국이나 캐나다에서는 일반 시민들이 감시하려는 시도가 많이 이뤄졌다. 지금 시점에서는 공공기관의 태만에 실망한 사람들의 노력이 보잘것없는 수준에 불과하다. 우리는 더 통합된, 과학적으로 철저한 구조를 만들려고 한다. 어떤 식품이 적게 오염됐거나 전혀 오염되지 않은지에 대한 정보를 제공해 식품 안전을 확실하게 하기 위해서다.

2013년 미국 의학협회는 국내에서 소비되는 해산물에 대해, 사람이 만들어낸 방사성 물질의 양을 측정하도록 요구했다. 그러나 FDA가 정한 세슘의 기준치를 바탕으로 측정한다면 다시 같은 질문으로 되돌아가게 되고 만다. 왜 미국의 아이들이 일본의 아이들보다 열두 배나 심한 방사성 독극물을 입에 넣는 것이 허용되고 있는가. 이 제한치는 원자력 산업에 유리하도록 설정된 것에 불과하다. 분명히 다른 문제들은 도외시하고 있다.

내가 음식에 포함된 세슘 오염의 권고치를 조사하기 시작했을 때, 1킬로그램당 5베크렐이라는 기준이 제안됐다. 내 연구를 통해서도 이 수치에 도달했다. 이것은 보기에 낮은 것 같지만 합리적인 수치다. 세슘은 자연에서 환경 내에 농축되고 생물 축적이 이뤄지기 때문이다. 인류는 여러 세대에 걸쳐 방출된 세슘에 노출되고 있지만, 그 피해가 여러 세대에 걸쳐 발생할 수도 있다는 것을 모른다. 이 피해는 이미 일어났을 수도 있다. 벨라루스에서의 연구를 통해 매우 낮은 수준의 피폭에도, 아이들의 신체가 손상될 수 있다는 것이 확인됐다. ICRP는 소량의 세슘이더라도 체내에 축적돼 손상을 주는 수준으로 높아질 수 있다는 것을 인정했다.

식품의 세슘 함량에 대한 공적인 정보는 부족하고, 지금까지 그리고 현재의 방출량에 대해 신빙성 있는 추정치는 존재하지 않는다. 우리가 모르는 부분이 걱정스럽다. 어떤 사고에 의한 오염인지, 지속적인 방출에 의한 오염인지는 더 이상 문제가 아니다. 문제는 방사성 오염의 총계와 여러 세대에 걸친 방사선에 의한 피해다.

원자력 시대의
성별 문제

메리 올슨

원자력 재해에 시작은 있지만 끝은 없다. '사회적 책임을 다하는 의사회PSR'
의 설명에 따르면, 예방만이 유일한 해법이다. 우리는 사회 전체가 예방 및
사전 대책을 지침으로 하나 되어 행동해야 한다. 그러기 위해서는 더 많은
여성이 참여해야 한다.

나는 강연을 하면서 4년 전부터 여성 청중들에게 이런 질문을 받게 됐
다. "남성보다 여성이 방사선에 민감한 것은 무엇 때문인가?" 이 분야를
18년 연구했어도 답을 찾지 못했던 나는 정신적 스승인, 지금은 돌아가신
로잘리 버텔 박사에게 전화를 걸었다. 그녀가 처음으로 소개해준 보고서는
절판됐고, 그다음은 미국 과학아카데미NAS가 발표한 『저선량 전리 방사선
의 피폭이 건강에 미치는 영향: 전리 방사선의 생물학적 영향 관한 위원회
제7차 보고서BEIR Ⅶ 2단계』(2006)를 추천해줬다. 이 보고서의 데이터를 분

석해보면 같은 양에 피폭된 경우 여성이 남성보다 암의 발병률이 40~60퍼센트 더 높은 것으로 나타났다. 즉, 남성 두 명이 암에 걸릴 때 여성은 세 명이 암에 걸린다. 남성도 발병하지만, 여성이 더 많이 발병한다. 로잘리 박사가 예상한 대로 이 보고서는 이 차이를 언급하지 않았다.

방사선으로 인한 피해는 나이에 따라 다르다. 초기 생식 세포와 배아는 매우 민감하게 피해받는 것으로 알려져 있다. 태아와 어린이의 세포는 성인의 세포보다 분열이 빠르다. 앨리스 스튜어트 박사는 노인의 복구 메커니즘이 젊은이만큼 작동하지 않을 가능성에 주목하고, 고령이 되면 피폭에 대한 위험이 높아진다는 것을 밝혀냈다. 어떤 유전자형은 방사선에 의해 암에 걸리기 쉬운 것이 있다. 방사선의 영향을 받기 쉬운 이러한 목록에 이제 여성이라는 항목을 추가해야 한다. 여성은 연소자든 어른이든 관계없이 전리방사선에 대한 저항력이 낮다. 방사선의 종류, 피폭량, 피폭 시간뿐만 아니라 어떤 사람이 노출됐느냐도 매우 중요하다.

방사선은 눈에 보이지 않지만 방사선의 피해는 눈에 보인다. 실제로 방사선에 의해 몸에 화상이 생기는 것을 볼 수 있다. 현미경을 사용하면 방사선에 의한 염색체 이상이나 플루토늄에 의한 조직 손상도 확인할 수 있다. 방사선이 DNA에 어떤 손상을 주는지, 화학 분석에 의해 재구성된 형태로 볼 수 있다.

방사선에 안전한 피폭량은 없다. 하나의 세포가 단 한 번 미량의 방사선을 받은 것만으로도 치명적인 암을 일으킬 수 있다. 우리 몸에는 놀라운 복구 메커니즘이 있기 때문에 늘 그런 일이 일어나는 것은 아니지만, 너무 적어 측정할 수 없는 양의 피폭도 배아와 태아뿐만 아니라 성인의 목숨도 빼

앗는 원인이 될 수 있다.

　미국 환경보호국EPA의 식수 안전 기준에 따르면, 이 정도의 낮은 수준이라면 안전하다는 방사선량은 존재하지 않는다. 이 사실을 고려해 미국 원자력규제위원회NRC 규정의 연방 규칙집 제10장 20항과 함께 '식품 속 오염 물질 기준을 합리적으로 설정 가능한 범위에서 최대한 낮게 잡아야 한다'는 방침이 정해져 있다. 이것은 앞에서 언급한 보고서 BEIR Ⅶ의 결론이기도 하다. 버텔 박사는 예전에 이렇게 말했다. "피해를 주지 않는 방사선 피폭은 없다. 100퍼센트의 확률로 세포에 손상을 준다. 그다음 논점은 어떤 손상에 주목할까 하는 것이다."

　방사선의 영향을 일반론으로 논할 경우, 남성이 기준이 된다. 첫 번째 기준은 의학계가 의사를 위해 만들었다. 그후, 맨해튼 계획에서 방사선 구역으로 이송된 군 관계자와 군인을 감독하는 보건물리학이 만들어진다. 이러한 기준은 출입이 제한된 지역에 배정된 젊고 건강한 남성을 위한 것으로, 당시에는 대상자가 거의 없었다. 방사선 피폭의 기준은 언제, 어디서, 누구에게라도 적용할 수 있도록 만들어지지 않았다. 방사선이 대상마다 다른 영향을 끼친다는 점이 고려되지 않았기 때문에 여성의 피해는 매우 과소평가됐다. 인구의 절반이 여성임을 고려할 때, 이 기준은 일반 대중에게 주는 피해 전체를 과소평가하고 있는 셈이다.

　방사선 관련 산업의 확대와 더불어 피폭 기준도 널리 알려지게 됐다. 설명에서 자주 사용되는 것이, 일반적인 총 피폭량의 5분의 1이 인공물에서 발생하는 방사선에 의한다는 놀라운 사실이다. 19세기 말 방사능이 발견되기 이전 자연 수준에 비해, 실제로 증가한 피폭을 고려한다면 상당한 비중을 차지하는 수치다. 핵에너지에 의한 피폭의 우려를 불식하려 할 때 종종 차트가 사용되지만, 전리 방사선의 피폭이 100년 동안 전체적으로 평균 25퍼센트 증가했다는 것을 잊어서는 안 된다. 만약 기온 상승과 강수량 증가 같은 다른 환경 요인에 이 정도로 큰 변화가 일어난다면, 그 역시 생명체에 큰 영향을 미칠 게 분명하다.

여성에 미치는 방사선의 피해가 제대로 평가되지 않았음을 먼저 발표한 것은 세계보건기구WHO였다. 『2011년 동일본대지진과 쓰나미 이후 원전 사고로 인한 건강 위험 평가』라는 보고서는 비록 결함이 있지만, 어쨌든 남성과 여성 사이에 방사선이 미치는 영향이 다르다는 점을 인정하고 있다. WHO는 피폭자가 5세 이하의 소녀일 경우 암에 걸릴 확률이 70퍼센트 높아진다고 지적했다.

성별이 방사선 피해의 요인이 되는 이유에 대해서는 어떤 연구도 아직 결론을 내지 못했다. 버텔 박사는 생식선과 유방 조직이 방사선의 영향에 민감하고, 몸에서 차지하는 생식 조직의 비율이 높은 여성이 남성보다 더 큰 발병 요인을 가지고 있지 않을까 하는 가설을 세웠다.

성별의 차이가 피폭의 결과에 가장 현저하게 나타나는 것은 0세부터 5세까지의 그룹이었다. 이들에게는 생활양식이나 시간을 보내는 방식과 같은 다른 요인에 따른 차이는 거의 보이지 않았다.

모든 방사성 물질이 높은 방사선량과 피폭을 가져오는 것은 아니지만 현재의 방사능 피해를 나타내는 공식 추정치는 생체 조직에 영향을 미치는 외부 선량을 가정해 산출된다. 내부 피폭이 외부 피폭과는 다르다는 점을 잊어서는 안 된다. 오염지역에서 먹고 마시고 숨 쉴 때 흡수되는 방사성 물질은, X선에서 받는 방사선과는 전혀 다르다. 외부에서 오는 알파 입자는 피부에 맞고 튕기는 반면, 베타 입자는 1센티미터 정도 피부를 통과한다. 만약 알파선을 방출하는 원소를 흡입하거나 섭취할 경우, 몸의 내부에서 조직에 부딪히는 알파 입자는 X선 (외부) 피폭보다 7배에서 1000배 더 높게 세포 구조를 손상시킬 것으로 예상된다. 바꿔 말하면, 알파 입자나 베타 입자의 방사선원이 표적과 가까운 경우 조사선량이 극단적으로 증가한다는 것이다.

BEIR Ⅶ에서는 원폭에 의한 생존자의 외부 피폭에만 초점을 맞추고 있다. 오염지역에 대한 고려가 없다. 음식·물·공기를 통해 운반된 퇴적물, 체외에서뿐만 아니라 체내에서 지금도 계속되는 방사선 피폭 등은 고려하지 않았다. 성별에 따른 방사선의 내부 피폭과 외부 피폭의 관계는 아직 밝혀지지 않았지만, 이것은 중요한 문제다. 체르노빌이나 후쿠시마처럼 철저하게 오염된 지역은 적지만, 핵연료 사이클에 포함된 모든 산업 시설과 채굴 현장에서 지역사회에 영향을 미치는 폐기물과 오염 물질이 만들어지기 때문이다.

전리 방사선이 여성에게 특히 심각한 영향을 미친다는 것은, 의학·윤리·역사·직업·정치·법률·진화론·정책·행정 등 여러 분야에 걸쳐 해결되지 않은 문제를 제기한다. 모두 중요하게 대응해야겠지만, 우선 몸을 보호하고 그다음 연구해야 한다는 것이 나의 신념이다.

원자력 시설에서 방출되는 방사선에 대한 역학조사

스티븐 윙

원자력 시설에서 방출되는 방사선이 건강에 미치는 영향을 추정하는 방법은 두 가지다. 하나는 위험 평가로, 우선 일정한 지역 주민의 피폭선량을 추정한다. 그다음으로 피폭 수준별 인원수와 그들 사이에서 평소보다 늘어난 것으로 추정되는 발병자 수를 조사한다. 각 피폭량 수준별로 늘어난 발병자 수의 비율이 그 질병에 대한 피폭의 영향값이 된다.

또 하나는 역학조사다. 즉 각기 다른 양의 방사선 영향을 받은 주민에게서 나타나는 질병을 모니터링한다. 방사선 때문에 발병 사례가 늘어나리라 예상되는 질병의 총계는, 장래의 예측이 아닌 지금까지의 직접 관찰을 근거로 추정한다. 역학조사 실험 모델은 무작위로 선택한 피험자 그룹에 방사선에 피폭된 사람과 피폭되지 않은 사람을 대조군으로 비교한다. 그러나 사람에게 전리 방사선을 쏘이는 실험은 윤리에 어긋나는 것이므로, 방사선 역학은 의료용 방사선을 쏘인 환자, 원자력 산업 종사자, 다양한 수준의 환경 방사선이 존재하는 지역에 사는 사람들, 핵무기에 의해 피폭된 사람들의 질환 발생률에 초점이 맞춰져왔다.

세계보건기구는 2011년 3월에 시작된 후쿠시마 제1원자력발전소의 방사선 누출에 대한 위험 평가를 최근(2013년 2월─옮긴이) 발표했다. 그 추정치는 2012년 5월에 발표된 보고서 및 히로시마와 나가사키에 투하된 원폭 생존자의 장기적인 건강 영향을 관찰한 수명 조사LSS에서 도출된 방사선 수준별 발암 위험을 기초로 산출한 것이었다. 무시된 요소가 많기 때문에 이 보고서는 불완전하다. 예를 들면 위원회는 원전에서 20킬로미터 이내, 직업상 노출, 기체 유출에 의한 베타 방사선 방출, 태아 피폭 등에 따른 방사선량은 고려하지 않았다.

방사선 위험 평가는 수명 조사를 바탕으로 한다. 피험자에 대한 추적 조사는 원폭 투하 후 5년 이상 경과한 뒤 시작됐기 때문에, 그전에 목숨을 잃어 조사에 포함되지 않은 사람이 많았다. 이에 따라 방사선의 위험 평가는 잠재적인 편향이 생긴다. 원폭으로 즉각적인 죽음을 가져왔던 방사능이 잠복기가 더 긴 암 위험의 원인이라 한다면, 방사선의 영향을 매우 많이 받은 사람들은 조사가 시작되기 전에 사망한 것이 된다. 즉 수명 조사는 적은 양에 피폭되어 건강에 피해가 가벼운 사람만을 대상으로 하며 치명적인 피해를 받은 사람은 대상에서 제외된다. 게다가 1958년까지 암 발생률(사망이 아닌 새로이 진단을 내린 사람)에 대한 수명 조사 모니터링은 이뤄지지 않았다. 즉 피폭 뒤 13년 이내에 발병한 암은 모든 평가 대상에서 제외되고 있다. 이러한 지적은 다른 조사에 수명 조사의 위험 평가가 적용될 때마다 등한

시돼왔다.

수명 조사에서는 핵폭발로 발생하는 투과력이 강한 감마선과 중성자선에 초점을 맞춘다. 감마선과 중성자선은 즉발 방사선으로 몇 초 만에 사라진다. 그러나 사람들을 피폭시킨 것은 낙진으로, 폭심지가 아닌 곳에 먼저 쏟아졌다. '검은 비'로 알려진 이 낙진을 맞은 사람들은 저선량의 즉발 방사선에 노출돼 큰 피해를 입게 됐다. 수명 조사는 이러한 피해를 조사 대상으로 삼고 있지 않지만, 만약 고려했다면 생존자의 암 발병률은 상승했을 것이고, 방사선 위험 평가의 편향성은 줄어들었을 것이다. 1963년 대기권 내에서의 핵무기 실험을 금지하는 조약이 체결된 것은, 높은 상공에서 이뤄진 실험의 낙진에 의한 건강 피해가 몹시 심각한 수준이기 때문이다. 그런데도 수명 조사에서는 원폭의 낙진의 영향을 방사선의 위험 평가에 포함하지 않았던 것이다.

2012년 12월 방사선 영향 연구소RERF가 검은 비에 관한 보고서를 발표했다. 낙진에 의한 피폭에 대해 질문을 받은 생존자 중 약 1만2000명이 검은 비에 노출됐다고 답변했다. 그런데 2만1000명 이상의 생존자의 경우 검은 비의 피폭에 대한 정보가 없다. 수명 조사에서 빠져 있는 이 데이터가 반세기 동안 간과되면서 사실과의 격차를 낳은 것이다.

방사선 영향 연구소는 1950년~2003년, 1962년~2003년의 수명 조사에 의한 사망률에 대해 검은 비에 노출됐다고 대답한 사람, 노출되지 않았다고 답한 사람, 노출 여부를 모르겠다고 대답한 사람을 비교해 공표했다. 검은 비를 맞은 그룹과 맞지 않은 그룹의 사망률은 두 시기 모두 비슷했다. 그런데 1950~2003년을 보면 노출 여부를 모른다고 대답한 히로시마의 생존자는 평균보다 27퍼센트나 사망률이 높았고, 마찬가지인 나가사키 생존자는 46퍼센트나 사망률이 높았다. 검은 비에 노출되었는지 여부를 모른다는 사람의 사망률이 높았던 것은 주로 1950년에서 1962년 사이였다.

낙진뿐만 아니라 피폭에 노출된 사람은 폭심지 부근에서, 중성자에 의해 방사화된 물질로부터 방출된 각종 잔류 방사선을 받고 있었다. 폭발 직후 감마선 피폭 레벨이 상승한 것은 이런 이유에서다. 폭심지 주변의 사람들, 특히 주변에 방사선을 차단할 만한 것이 거의 없었던 사람들은 수명 조사 전에 사망했다. 이 경우 중성자 방사화에 의한 잔류 방사선 노출은 문제가 되지 않는다. 그러나 원폭 투하 때 폭심지에서 멀리 떨어져 열이나 돌풍이나 방사선의 피해가 적었던 사람도 대부분 친족을 찾는 등 폭발 직후에 폭심지 주변을 돌아다녔다. 검은 비처럼 저선량의 즉발 감마선과 즉발 중성자에 노출된 생존자(역시 수명 조사 대상에서 제외돼 있다―옮긴이)가 고농도의 방사선을 받은 사람보다 많은 잔류 방사선에 노출된 사실을 고려하면, 수명 조사의 위험 평가는 낮게 설정된 것이 된다.

1950년 10월 1일에 실시된 추적 조사에서는 생존자 전원이 대상이 됐다. 하지만 1965년까지는 모든 사람이 피폭량을 특정할 수 있을 면담 조사를 받고 있지는 않았다. 이것이 역학자들이 말하는 '불멸의 시간' 현상을 낳는다. 즉, 폭심지 부근에 있던 생존자의 발병률을 계산할 때 분모를 늘려 낮은 발병률을 이끌어냈고, 이는 방사선 위험의 과소평가로 이어진다. 더 중요한 것은, 폭심지에서 3킬로미터 이내에 있던 생존자 중 자신이 있는 곳이나 장애물의 유무에 대한 정보가 불충분하기 때문에 피폭량을 알 수 없어 조사 대상에서 제외된 사람들이다. 반면, 폭심지에서 3킬로미터 이상 떨어진 곳의 생존자 중에는 정보 부족을 이유로 제외된 사람이 하나도 없었다. 제외된 사람은 조사 대상이 된 생존자에 비해 특히 추적 조사 초기에 암이나 백혈병으로 사망 비율이 높았다. 폭심지 근처에 있던 생존자만 제외되고 먼 곳에 있어 피폭량이 적은 생존자는 제외되지 않았기 때문에 방사선 위험 평가는 낮아졌다. 피폭량에 따라 제외하는 것으로 편차를 줄일 기존의 통계 기법은, 리스크 평가의 보정에 채용되지 않았다.

수명 조사는 또한 피폭 당시에 이미 태어난 생존자만을 대상으로 하고 있다. 자궁 내에서 피폭한 생존자에 대해서는 별도 조사가 이뤄지지만, 대상자가 적다는 이유로 위험 평가의 선량 반응 관계(피폭 방사선량과 확률적 영향의 관계―옮긴이)까지 진전된 경우는 많지 않았다. 아마 일부는 이런 사정으로, WHO가 수행한 후쿠시마의 위험 평가 역시 자궁 내 노출로 인한 질병을 제외한 것으로 보인다. 그러나 1950년대 앨리스 스튜어트 박사에 의해 산부인과의 X선이 소아암을 일으킨다는 것이 처음 입증된 이후 배아와 태아가 저선량의 방사선에 특히 민감한 것은 널리 알려졌다. 멜트다운 이후 이른 시기에 후쿠시마에서 방출된 방사선에 노출된 태아의 수가 훗날 피폭한 인원에 비해 적었다고 해도, 특히 민감한 이런 태아는 위험 평가에 추가해야 한다.

서두에서 언급했듯이 위험 평가는 수명 조사와 인구에 대한 선량 평가 등을 사용해 발병률이 수치화되지 않은 모집단에서 방사선의 피해자 수를 산출한다. 수명 조사에서 볼 수 있는 방사선의 효과에 관한 편차는 위험 평가에 영향을 준다. 대조적으로, 수명 조사 등의 역학조사는 방사선과 질병의 관계를 직접 평가한다. 그러나 평가는 사건이 발생한 후에 이뤄질 수밖에 없다.

나는 1988년에 방사선 역학 연구를 시작했다. 초기 핵무기가 만들어진 곳의 하나인 테네시 주 동부의 오크리지 국립연구소에서 일하는 사람의 사망률 연구를 지휘하게 됐기 때문이다. 직원의 피폭선량 기록은 개인별 선량계를 사용해 매우 일찍부터 이뤄지고 있었다. 방사선량은 극히 소량이기 때문에 방사선의 영향은 나타나지 않을 것이라고 들었다. 그런데 실제로 선량 반응관계를 살펴보면서, 이 분야에서 가장 유력한 학설이 잘못됐다는 것을 처음으로 알게 됐다. 직원 명찰은 일종의 바로미터로, 명찰의 방사선 측정 값이 높을수록 암으로 인한 사망률이 높았던 것이다. 있을 수 없다는 주장이 중론이었지만, 사실은 학설과 달랐다.

체르노빌 참사 이후에도 위험 평가에 관한 비슷한 헛소리가 있었다. 사고로부터 5년 후 1991년 자료에 국제원자력기구의 성명이 기록돼 있다. "잘 정리된 엄청난 양의 장기적인 역학조사 결과를 이용해도, 프로젝트 팀이 추정한 선량과 현재 승인된 방사선의 위험 평가로도, 미래의 암 자연 발생률 상승과 유전적 영향을 예측하기 어렵다." 그 무렵에는 대량의 역학조사에 의해 체르노빌의 방사선 누출에 의한 암 발생률의 상승이 보고됐다. 오크리지의 연구에서는 수명 조사의 가설을 이용한 위험 평가를 바탕으로 예측을 세웠다.

그밖에도 암에 미친 영향은 없다고 말하는 원자력 사고가 있다. 1979년 스리마일 섬 원자력발전소 2호기에서 일어난 부분적인 멜트다운이다. 동물이 죽었고 주변 주민 대부분이 발작·메스꺼움·구토·탈모 등의 증상을 호소했다. 그러나 모두 스트레스에 의한 것으로 치부됐다.

나는 이 현상을 조사하는 데 나섰다. 수천 명이 관련된 소송이었기 때문이다. 우선 스트레스에 관한 조사부터 시작했지만 의학 문헌을 검토해도 이번 사안은 '집단 정신성 질병'이라는, 스트레스로 인한 급성 작용의 시나리오에 맞지 않았다. 그래서 1975~1985년에 이 지역의 병원에서 진찰을 받은 암 환자들의 조사 자료를 다시 분석해보니, 멜트다운 도중 방출된 방사성 가스가 유출된 진로에 따라 폐암과 백혈병의 발생률이 상승한 것으로 나타났다.

다시 조사한 것은 검출 바이어스(역학조사에서 어떤 증례를 확인하기 위해 수행하는 방법 그 자체가 결과에 영향을 미치는 것, 예를 들면 피폭의 증례를 확인하기 위해 CT 스캔 등을 사용하면 필연적으로 피험자의 피폭량이 상승하는 것을 가리킨다—옮긴이)를 피하기 위해서다. 원전 사고처럼 널리 알려진 사건을 조사하는 경우 검출 바이어스는 큰 문제가 된다. 사람들은 초기 단계에서 질환을 호소하고, 보도 등의 영향을 받아 더 많은 진단을 받는다. 조사 대상자는 사고 발생 현장에서 16킬로미터 내의 사람들이었지만, 검출 바이어스의 영향을 받고 있었다.

원전에서 일상적으로 방출되는 방사선이 건강에 미치는 영향을 측정한 공식 추정치에 따르면, 가동 중인 원자로 부근의 주민들은 어떤 암도 관찰되지 않을 것이다. 그런데 유럽에서 진행된 여러 조사에서는 원자로 부근의 0세부터 4세 아이들 사이에서 소아암과 백혈병이 과도하게 발병한 것으로 나타났다. 독일의 사례 조절 연구에서는 발전소로부터 5킬로미터 이내 지역의 백혈병 발병률이 두 배를 웃돌았다. 그러나 연구 보고서의 저자들은 다음과 같이 결론을 내렸다. "독일의 원자력발전소 부근의 방사선량은 의료 검사에서 받는 연간 평균 피폭량보다 적다. 따라서 관찰된 것과 같은 명확한 차이는 여전히 설명되지 않고 있다."

　이러한 예들을 보면, 위험 평가에서 예상하는 것과 다른 방사선의 영향에 대한 증거를 역학조사를 통해 어떻게 만들어낼 수 있는지 알 수 있다. 여기에는 세 가지 이유가 있다. 첫 번째 가능성은 역학조사에 바이어스가 있다는 점이다. 그러나 환경 역학과 직업 역학, 명백하게 허술한 피폭선량 측정, 이동, 직업 연구에서의 건강한 일꾼 효과 등의 요소는 방사선의 영향을 과대평가하기보다 과소평가하는 경향이 있다. 위험 평가가 역학조사와 일치하지 않는 두 번째 이유는 수명 조사에 볼 수 있는 것과 같은 너무 낮은 방사선 위험 추정치를 사용하기 때문이다. 세 번째 이유는 사람이 피폭하는 방사선량을 직접 측정하는 방법, 특히 환경 방사선을 직접 측정하는 방법이 거의 없기 때문이다. 이에 따라 사람이 예상 밖의 많은 방사선에 노출되면, 위험 평가는 질병의 과소평가를 낳게 된다.

　에너지 산업은 막대한 이익을 낳는다. 그리고 원자력은 정부와 핵무기 제조 회사, 전력 산업과 가장 먼저 손을 잡는다. 방사선과 건강 연구에 대해서는 금전적인 이해 대립이 생기게 된다. 특히 건강 피해와 관련된 증거는 노동자와 국민의 피폭량 감소를 요구하는 여론에 박차를 가할 수도 있고, 보상 목적으로 피해자가 고소할 가능성도 있다. 예를 들어, 1990년대에 미국 대통령이 설치한 방사선 피폭 실험 자문위원회에 의해 재조사된 정부 문서에는 원자력위원회AEC의 생물학 및 의학 자문위원회의 토론 모습이 명확하게 나타나 있다. 거기서 문제가 된 것은 일반 시민의 핵무기 계획에 대한 반발과 소송에 대한 의구심이었다. 우리의 과학은 정치적 영향을 받으므로 방사선뿐만 아니라, 과학이나 시민 생활에 관한 대중 교육이 필요하다.

후쿠시마에서의 역학조사에는 여러 가지 걸림돌이 있을 것이다. 멜트다운을 일으켜 생활 환경을 혼란의 소용돌이에 말려들게 한 지진과 쓰나미도 포함된다. 사람들은 여전히 피난 중이고, 식생활이 변했고, 의료 서비스가 영향을 받았고, 수천 명이 사망했다. 총체적인 피폭의 관찰이 이뤄지고 있지 않은 경우, 역학조사에 필수적인 개인별 피폭량 추정은 항상 어려움이 있지만, 후쿠시마와 같은 재해에 있어서는 더욱 미심쩍다.

피폭된 사람도 그렇지 않은 사람도 조사가 완벽하지 않다는 것을 알아야 한다. 연구에서 제일 무서운 것은 비판적인 관점이 결여된 연구이며, 거기에는 자기비판도 포함된다. 과학계는 이 점을 잊어서는 안 된다. 권위에 의문을 던져야 한다. 특히 법이나 공중 보건에 매일 적용되는 수명 조사 같은 연구에 대해 의문을 가져야 한다. 그러나 특정 노출이 건강에 미친 영향에 관한 좁은 범위의 연구로 세운 가설과, 원전에 관한 올바른 평가와 같은 큰 이익이 걸린 구조적 이슈의 전면적 분석을 혼동하지 않는 것도 똑같이 중요하다. 원전이 나쁜 정책이라고 해도, 모든 연구가 방사선이 질병과 관련돼 있음을 발견하리라는 것을 의미하지는 않는다.

공중 보건 운동가들은 평화, 인권, 지속 가능한 생태, 사회 정의 등 폭넓은 원칙에 바탕을 두고 정책을 추진한다. 이것들은 다양한 신체적·생물학적·사회적 메커니즘을 통해 건강을 증진하고 질병을 예방한다. 수많은 과학적 학설과 증거를 근거로 하고, 그 학설도 특정 분야의 연구에서 반박당하지 않는 것들이다. 그들은 과학·도덕·정치를 통합한 세계관을 발전시키고 있다.

공중 보건 옹호자들이 자신들의 활동 목표를 뒷받침하지 못할 연구는 무시하거나 부정할 수도 있다. 세상을 향해 폭넓게 움직이기 때문에 피폭한 사람의 사망률이 높아진다는 것을 증명하는 데 실패한 연구와 같은 것들 말이다. 마찬가지로 옹호자들은 방사선에 관련된 질병을 발견한 연구를 비판 없이 받아들일지도 모른다. 이렇게 좁은 범위의 연구를 극도로 중요시하거나, 특정한 건강 조사의 약점에는 눈을 감거나 하는 등의 이중 기준을 세운다면, 과학과 공중 보건의 권위 모두를 떨어뜨리는 일이 될 것이다.

피폭 평가와 역학조사는 실제 영향보다 둔감한 결과가 나오도록 설계하기 쉽기 때문에, 방사선에 노출된 노동자와 일반 시민들에 대해 책임이 있는 산업계나 정부에게는 정치적으로 매우 편리한 도구다. 따라서 이런 조사를 지나치게 존중하는 것은 공공의 이익과 맞지 않는다. 공중 보건 운동가들은 좁은 범위의 연구 결과와 폭넓은 정책 목표를 선별해서 과학과 공중 보건 양쪽 분야에서 더 나아갈 수 있다.

낮은 수준의 전리 방사선
피폭에 의한 암 위험성

허버트 에이브럼스

2006년 미국 과학아카데미의 '전리 방사선의 생물학적 영향에 관한 위원회BEIR'는 1972년부터 이어져온 보고서의 최신 버전을 발표했다. 그 목적은 저수준 전리 방사선의 위험을 전하는 것이다. 보고서는 방사선 위험 평가의 주요 기초 자료로 널리 받아들여졌다.

배경

라듐과 X선의 발견 이후 얼마 지나지 않은 20세기 초반부터, 방사선에는 양면성이 있다고 여겨져왔다. 암을 치료할 수도 있고, 암을 일으킬 수도 있기 때문이다. 대량 또는 상당량의 방사선이 얼마나 해로운지는 충분히 입증됐지만, 낮은 수준의 전리 방사선의 영향은 격렬한 논란의 대상이었다.

원폭 상해 조사위원회가 전신인 방사선 영향 연구소RERF는, 히로시마와 나가사키에 원폭이 투하된 이후인 1947년 히로시마에 설립됐다. 피폭에 의한 장기적인 영향을 문서화하고 이해하는 것을 목적으로 과학자 약 400명이 방사선 관련 프로젝트를 다양하게 수행했다. 운영 자금은 미국과 일본 정부가 지원했다.

이 연구소는 히로시마와 나가사키의 생존자 12만 명의 수명 조사와, 그중 2만여 명의 상세한 건강 조사를 67년 동안 계속하고 있다. 이런 프로젝트는 역학에서는 탁월한 업적이며, 방사선에 의한 암의 위험을 평가하는 데 강력한 증거를 제공해준다. 수명 조사의 대상이 되는 생존자는 나이에 따라 나뉜다. 1995년에는 4만 4000명이 살아 있었으나, 2020년에는 1만 4000명으로 줄어들 것으로 추정된다. 그 전원이 피폭 당시 20세 미만이었다.

장기적인 조사 결과를 담은 데이터베이스 외에도 방사선 영향 연구소에서는 수많은 연구 프로젝트가 실시돼왔다. 방사선의 생물학적 영향과 그 영향의 메커니즘에 착안한 세포의 성분, 세포, 동물, 인간에 관한 프로젝트다.

미국 과학아카데미의 BEIR 제7차 보고서 자문위원회 구성

나를 포함한 16명으로 구성된 이 자문위원회는, 1999년에 설치돼 함께 6년 이상 활동을 계속했다. 위원회를 구성하는 전문가들은 5개국에서 다양한 분야에서 걸쳐 선정됐다. 그 분야는 역학 방사선, 물리학, 암 생물학, 방사선 생물학, 생물 통계학, 리스크 커뮤니케이션이다.

관련 지식인 단체에서 많은 사람이 모였다. 환경보호국EPA·원자력규제위원회NRC·에너지부 등 정부기관과 대학, 산업단체, 민간 비영리단체 활동가들이 중심이 됐기 때문에, 회의 석상에서는 때때로 대립적인 분위기가 조성

됐다. 결과에 따라 걸린 이익이 크기도 해 사람들의 감정도 높아졌다. 만약 보고서가 정책에 영향을 미치는 경우 위험을 높게 평가하면 허용 선량은 인하될 것이며, 위험을 낮게 평가하면 방호 기준이 완화될 것이다. 입수 자료는 닥치는 대로 검토됐고, 모순되는 데이터는 가능한 한 융화되었다.

'낮은 수준'의 전리 방사선이란 무엇인가

이 문제는 여러 가지 다른 정의가 있어 복잡하다. 제목에 '저수준 방사선'이라는 말을 포함한 학술지를 대상으로 조사해봤는데, 높게는 3000밀리시버트, 낮게는 20밀리시버트로 모두 열아홉 가지 정의가 발견됐다. 거기에서 위원회는 자체 정의를 이끌어냈다. 저수준 방사선은 제로에 가까운 수치에서 100밀리시버트까지라고 정의했다.

위원회가 승인한 100밀리시버트 이하라는 수준은 우리가 생활환경에서 1년 동안 받는 방사선량 3밀리시버트의 약 30~40배, 컴퓨터 단층 촬영 10회 분, 흉부 X선 촬영 1000회에 해당된다. 위원회의 정의에 따르면 원폭 피해자의 약 65퍼센트가 저수준의 방사선을 받은 셈이다.

방사선은 어디에서 오는가

일상적으로 노출되는 방사선의 대부분은 자연 환경에서 유래한다. 주로 건축 자재, 공기, 음식, 우주는 물론, 지구가 특히 라돈 가스 방사선의 출처이며, 사람이 노출되는 방사능의 82퍼센트를 차지한다. 약 18퍼센트는 인간의 손으로 만들어낸 것으로, 의료 X선(58퍼센트), 핵의학(21퍼센트), 담배 같은 소비재(16퍼센트) 등이 원인이다. 또 방사능 낙진(2퍼센트)과 핵 연료 사이클(1퍼센트)에서도 나온다.

매년 3억 건 이상의 의료 X선과 1억2000만 회가 넘는 치과 X선이 찍히고 있다. 더 많은 방사선을 사용하는 진단용 CT 스캔과 합치면 연간 평균 실효 선량은 0.5밀리시버트다. 특히 하부 위장관, 혈관 조영, 인터벤션 영상의학의 X선 치료는 피폭량이 많은데, 8밀리시버트에 이른다.

CT 스캔은 지속적으로 이뤄지기 때문에 특히 청소년들에게 미치는 영향이 우려된다. 왜냐하면 방사선은 축적되기 때문이다. 수년 동안 반복 촬영을 받으면 암으로 인한 사망률이 높아질 가능성이 있다. 방사성 동위원소 검사도 비교적 피폭선량이 많은 것으로 알려져 있다.

BEIR 제7차 보고서에서 알게 된 사실

폭넓은 분야를 망라하는 제7차 보고서의 데이터는, 낮은 수준의 방사선을 받는 기계가 증가하면 방사선 암에 걸릴 위험이 높아진다는 것을 뒷받침한다. 위험 평가는 대체로 BEIR 제5차 보고서의 내용과 일치한다.

방사선은 DNA에 손상을 준다. 뉴클레오티드의 염기부의 한 가닥 또는 두 가닥 절단이 발생해 산화적인 변화를 일으킬 수 있다. DNA의 결손이나 유전자, 염색체 손상은 종양 형성의 계기와 관계가 있다고 한다. 이 수치 이하에서 세포의 손상은 일어나지 않을 것이라고 증명할 수 있는, 임계값이란 없다.

방사선에 의한 위험도가 다른 것과 비교해 현저하게 높은 암은 12종류가 있다고 알려졌다. 백혈병·폐암·간암·유방암·전립선암·위암·대장암·갑상선암 등이다. 유방암의 발병률은 2배 가까이 되지만 다른 것은 1.5배 정도다.

30세 때 100밀리시버트의 방사선을 받은 사람이 60세가 됐을 때 암에 걸릴 확률은 남성이 10만 명당 800명, 여성이 10만 명당 1300명으로 추정됐다. 그다지 큰 숫자는 아니지만 피폭하지 않은 사람의 고형암 자연 발생률과 비교하면 상당한 숫자다.

제7차 보고서 발표 이후 많은 중요한 역학조사가 보고됐다. 2006년에 15개국에서 일하던 44만6000명의 원자력 작업 종사자 가운데 암으로 인한 사망률은 1~2퍼센트 상승한 것으로 확인됐다. 마야크 재처리 공장(구소련 우랄 지방에 있는 핵시설. 원래는 군사용이며, 1957년에 방사성 폐기물 탱크의 폭발 사고를 일으켰다―옮긴이)에서 나온 대량의 폐기물이 흘러든 테차 강의 사례는 오염된 수역의 영향을 나타낸 것이다. 여기에서는 암에 걸릴 위험이 3퍼센트 상승했다. 17만5000명의 원자력 작업 종사자에 관한 영국의 연구를 통해 장기간에 걸친 방사선 피폭이 더 높은 위험을 초래한다는 것이 밝혀졌다. 2002년 이후 12개의 역학조사는 BEIR 제7차 보고서의 결론을 뒷받침하고 있다.

반박하려는 시도도 있다. 저선량 피폭에 유익한 효과(호르메시스 효과)가 있다는 것이다. '방관자 효과'(방사선이 닿지 않은 세포가 마치 방사선에 닿은 것 같은 반응을 보이는 현상―옮긴이)라는 방사선 적응 반응과 게놈의 불안정성에 대한 관심이 높아지고 있다. 인도와 중국의 자연 방사선량이 높은 지역에서 얻어낸 데이터는 낮은 수준의 방사선의 영향을 증명하는 것이라고 해석하는 사람도 있다. 이러한 고찰에 대해서는 위원회가 모두 재조사와 분석을 했지만 확신을 얻지는 못했다. 모두가 갖게 된 공통 인식은 이렇다. 즉, 우리는 이 분야에서 불확실한 것을 다루고 있다.

방사선 피폭의 영향에 남녀 차이가 있는 것은 분명하다. 방사선에 관련된 암의 사망률은 고형암의 경우 여성이 남성보다 37.5퍼센트 높았다. 유아의 피폭은 성인의 피폭과 비교해 암 위험이 서너 배 높고, 여아는 남아보다 위험이 두 배 높았다. 이러한 수치는 어디까지나 추정치이며, 신뢰도는 95퍼센트라는 것을 유념해야 한다.

저선량 피폭이 위험을 증가시킬 것은 확실하지만, 증가 폭이 그리 크지는 않다. 평생 동안 받는 방사선량은 축적되기 때문에, 위험도 그만큼 늘어나게 된다. 어릴 때 받은 낮은 수준의 방사선량은 아마 평생 동안 백 명에 한 명꼴로 암 환자를 늘릴 것이다.

소음 속에서 신호를 추출해내는 것은 방사선 역학에서 매우 큰 과제 중하나다. 높은 수준의 방사선 피폭은 심장 질환의 발병률을 높이지만, 낮은 수준의 피폭의 영향은 인정되지 않는다. 피폭자의 후손이 유전적 영향을 받았다는 결정적인 증거는 없지만, 동물 실험에서는 세포의 돌연변이가 증가하고 그것이 차세대에 계승될 가능성을 나타내는 결과가 나오고 있다.

BEIR 제7차 보고서 자문위원회는 편견이 없고 사려가 깊은 사람들의 모임이다. 다양한 분야에서 전문적 지식을 이용할 수 있었다. 논쟁도 있었지만 논의를 계속했고, 당사자가 제출한 자료로 의견 일치에 이르기도 했다. 모든 해답을 구할 수는 없을 것이다. 그러나 지속적인 연구를 토대로 우리의 이해를 증진시키고 아직은 추정 단계인 수치의 정확도를 높일 것이다.

19

원자력발전의
흥망

데이비드 프리먼

원자력 시대는 원폭 투하로 막을 열었다. 이 사건으로 미국이 안고 있는 죄책감을 충분히 이해할 수 있는 이들은 아마도 당시 태어난 사람뿐일 것이다. 미국이 원폭을 투하해야 할지 말지에 대해 아무도 얘기하려 하지 않았다. 그러나 당시의 대통령 해리 S. 트루먼은 이 끔찍한 사건에서 은총을 얻을 수 있다고 믿었다. 그리고 신과 같은 이 엄청난 힘을 어떻게 인류의 이익으로 변화시키느냐 하는 논쟁으로 미국이 들끓었다.

과거 발언의 일부를 되짚어보자. 맨해튼 계획에 대한 연구가 활발히 진행되고 있던 당시 시카고대 학장 로버트 메이너드 허친스는 원자력에 대해 다음과 같이 말했다. "내리는 눈을 녹일 수 있을 정도의 충분한 열을 낸다. 원자력발전소의 중추에서 간단한 작업을 하는 몇 사람만 있어도 사회에 필요한 열·빛·전력 모두를 공급할 수 있다. 더구나 비용은 인식도 못 할 만큼 무척 싸다." 지금까지 자동차에 휘발유를 일주일에 두 번 넣고 있었는데, 알약 크기의 원자력 덩어리를 일 년에 한 번 연료 탱크에 밀어 넣는 것만으로 끝나게 된다는 얘기도 있었다. 석유를 둘러싸고 국가끼리 다투는 일은 끝나고, 원자력 시대가 풍요의 시대를 열 것이라는 얘기도 있었다. 사람들은 그렇게 믿었다. 모두가 들떠 있었다.

그러는 동안 미국 원자력위원회AEC의 위원장 데이비드 릴리엔솔은 트루먼 대통령에게 폭탄의 비축이 바닥났다고 보고했다. 때마침 소련이 핵 실험을 했었다. 릴리엔솔의 일기에 따르면, 민생용 원자력의 이야기는 한 번도 의제에 오르지 않았다. 군비 확장의 시대였기에 원자력과 관련된 목가적 서사시는 모두 빈말로 끝났고, 수소폭탄이 자리를 대신했다. 결국 상아탑에서 보호를 받아온 물리학자들은 시민을 위한 원자로를 만들고자 기계나 펌프, 배관 때문에 손을 더럽힐 필요가 없었다.

원자력을 처음 민간에서 이용한 것은 나중에 4성 해군 제독이 되는 하이먼 G. 리코버다. 그는 민간 기업과 함께 원자력 잠수함 노틸러스 호를 개발했다. 그러나 천문학적인 비용이 들었기 때문에 결국 민간에 거의 적용되지 않았다. 그래도 사람들은 원자력에 대한 꿈이 아직 완전히 빗나가지는 않았을 것이라고 생각했다. 원자력에의 도취 상태는 1950년대까지 이어졌다. 그러나 연구는 아무것도 만들어내지 못했다. AEC는, 민간용 원자로의 건설이 먼 이야기라는 것을 알았지만 무기 개발을 지속하기 위한 자금을 의회에서 승인받고자 거창한 약속을 계속 입에 담았다.

시민을 위한 원자력 계획이 시작된 것은 1957년 연방 의회가 프라이스 앤더슨법(원자력 사고의 손해배상 제도에 관한 법률—옮긴이)을 통과시켰을 때다. 원자로에 관한 초기 연구는 실패로 끝났지만 1963년 제너럴 일렉트릭GE 이 뉴저지 오이스터 크리크 원자력발전소 건설 입찰에 참여하면서 전환점을 맞이했다. GE가 석탄 화력발전소보다 저렴한 입찰가를 제시했고, AEC 에서는 이를 원자력의 상용화 첫 단계라고 불렀다. 그러나 이것은 채산성을 고려하지 않은 파격적인 저가 입찰이었다. GE는 원자력발전소가 돈을 얼마나 많이 먹는 하마인지 몰랐지만 지금이 사업 기회라는 것만은 알고 있었다. 일괄 수주 방식인 턴키 계약으로 상대적으로 비용을 절감할 수는 있었지만, 실제 비용보다 입찰 금액이 너무 낮았다. 비용 초과의 시작이다. 원자력발전소는 석탄 화력에 대항할 수 있는 가격으로 세워져 팔려 나갔다. 그러나 실제로 미국뿐만 아니라 어디에서도 비용 경쟁력이 있는 원자력발전소가 세워진 적은 없다. 갑자기 과도한 '립 서비스'가 붐을 일으켰다.

1960년대에 GE가 내 법률사무소를 방문해 뉴저지에 여섯 기의 원자로를 짓고 싶다며, 그곳에 공공 전력회사를 설립할 수 있도록 도와달라고 요청했던 일을 기억한다. 다행스럽게도 GE의 변호사들이 독점금지법에 저촉된다고 해서 계획을 중단시켰는데, 그것은 당시 만연했던 생각이다. 1년 후, 피바디 석탄회사가 우리에게 와서 미래는 원자력이 석탄을 대체해 앞으로 서부의 석탄 자원이 개발되지 않는 것 아니냐는 걱정을 토로했다. 그들은 저금리 자본으로 공공 전력회사를 만들어 석탄 화력의 비용을 낮춤으로써 원자력발전과 경쟁할 기회를 얻고 싶어했다.

사태는 더욱 악화됐다. 1976년에 내가 테네시계곡개발공사TVA를 인수할 무렵, TVA는 몇 년 전부터 석탄 화력의 유지를 중단했었다. 원자로를 열두 개나 소유하고 있었기 때문에 석탄 화력을 원자력으로 대신하고 있었다. 이에 우리는 10억 달러를 투자해 석탄 화력 세척기와 오염 제어 장치를 설치했다.

미국 원자력위원회AEC 소속 글렌 T. 시보그는 이제는 원자력의 시대라고 확신한다고 말했다. 아이젠하워 전 대통령이 60개국을 돌고 1953년 12월 8일 유엔 총회에서 한 유명한 연설 '핵의 평화적 이용'을 인용해 평화로운 원자력에 대해 선전했다. 사람들 대부분은 그의 말을 믿었다. 내가 처음 이스라엘을 방문했을 때, 왜 이 나라는 원자력발전소의 건설을 고려하고 있는지 물었다. 전 총리인 다비드 벤구리온은 원자력에너지를 갖고 있지 않으면 근대 국가가 아니라고 말했다. 그야말로 미국이 고안해 전 세계에 퍼뜨린 생각이었다.

AEC는 원자력의 촉진과 규제 두 가지 역할을 모두 담당하고 있었지만, 중점을 두고 있던 것은 촉진이었다. 안전성에 대해 의문을 제기한 직원의 보고서는 봉쇄됐다. 세상이 원자력에 들떠 있던 1960년대에 안전성에 대한 공개적 논의는 없었고, 원자력발전소의 주문만 쇄도했다. 평화로운 원자력 같은 것은 존재하지 않는다. 원자력발전소는 원자폭탄으로 이어진다. 또한 미국이 세계에 판매한 프로그램을 그저 실행에 옮기고 있는 이란이나 북한 같은 나라들과의 대립을 낳고 있다. 미국이 각국에 원전을 촉진하면서 동시에 원폭 제조 중단을 요구하는 데 대해 세계의 지지를 받으려는 것은 위선과 거만의 극치다.

한 가지 일관된 것이 있다. 원자력발전은 저렴했던 적이 없고, 앞으로도 절대 그렇게는 안 되리라는 것이다. 향상된 최신 기술을 가지고도 10억에서 20억 달러의 비용 초과가 발생한다. 30년 전, 핵에너지에 열광하기 시작했을 때 원자력은 대체 에너지원이었다. 지속 가능하고 깨끗한 대체 에너지 기술은 없었다. 저렴한 풍력 발전과 태양광 발전은 미래의 이야기였다. 그러나 지금의 상황은 전혀 다르다.

현재와 같은 반핵운동은 일어나지 않았다. 물론 가끔 모여 옛날이야기를 반복하는 사람들은 있지만, 반핵운동은 미국 국민과의 연계가 완전히 끊겼다. 스리마일 섬 사고가 원자력 산업을 20~30년 후퇴시켰지만, 여전히 미국에는 지진과 인위적인 사고가 발생하면 치명적인 피해를 초래할 수 있는 원자로가 (폐로를 포함해) 150개나 있다. 10년마다 뭔가 사고가 일어나고 있고, 그런 주기가 끝났다고는 생각할 수 없다.

반핵운동에서 나오는 얘기들은 지금까지 너무 부정적이었다. 지금까지와 다르게 국가 전체를 납득시키려면, 반핵운동은 다른 환경운동가들과 손잡고 원자력이 기후를 변화시킬 정도로 인류에게 위협적이라는 의견에 동참해야 한다. 또한, 긍정적인 사례도 만들어야 한다. 대체 에너지원이 존재하기 때문에 단순히 탄소 또는 플루토늄, 양자택일 문제가 아니라고 사람들에게 알려야 한다.

과학자 개개인이 대변자가 된다. 박사논문을 쓸 뿐만 아니라, 공개적으로 발표해서 평균의 미국인이 공감할 수 있도록, 원자력 분야에 대해 비전문가에게도 설명할 수 있는 지식인이 필요하다. 보통 미국인은 25년 동안 사고 없이 가동되고 있는 발전소가 갑자기 사람의 목숨을 빼앗을 것이라고는 생각하지 않는다. 평범한 말로 사람들에게 전달하자면, 자신들의 뒷마당에 30년 분량의 사용후 핵연료와 방사성 폐기물이 쌓여 있고, 아무도 이를 안전하게 저장할 위치를 모른다는 것이다. 폐기물은 풀에 담겨 있고, 일단 물이 누출되면 폭탄에 필적하는 위력과 규모의 화재가 발생한다. 원자로의 폐쇄를 요구하는 가장 강력한 의견은 이것이다. 처리 방법을 모르는 방사성 폐기물을 계속 배출하는 것은 쓸어 모은 먼지를 카펫 밑에 넣어 숨기는 일과 마찬가지로 미래 세대에 문제를 떠넘기는, 윤리적으로 바람직하지 못한 일이다. 더구나 향후 이 방사성 폐기물을 모니터링하는 비용에 대해서는 아무도 언급하지 않는다.

하지만 나는 낙관론자다. 태양과 풍력에너지는 이전에 비해 비용 효율이 높아져 많은 주에서 착수하기를 희망한다. 방사성 폐기물과 모든 원자력발전소가 전기 요금을 올리고 있는 사실을 말할 필요가 있다. 반핵운동에서는 태양에너지를 지지하는 데에도 힘을 사용해야 한다. 그러면 우리는 승리를 거둘지도 모른다.

20

원자력 시대와
앞으로의 세대

헬렌 캘디콧

2007년 아준 마키자니는 「탄소 제로, 원전 제로Carbon-Free and Nuclear-Free:
미국 에너지 정책 로드맵」이라는 제목으로 주목할 만한 연구 논문을 발표
했다. 내가 조직한 심포지엄에서 데이비드 프리먼이 강연한 것에서 비롯된
이 논문은 미국이 대체 에너지로 전환해 2050년까지 탄소와 원전에서 실
제로 벗어날 수 있음을 보여줬다. 독일에서 대부분 그런 것처럼 미국에서도
모든 집에 태양광 패널을 장착한다. 미시시피 강 서쪽으로는 미국에 필요한
에너지의 3배를 여유 있게 공급할 수 있는 바람이 불기 때문에 풍력 발전기
를 전국에 설치해도 좋다. 그러나 워싱턴의 한심한 연방 의회나 기업의 노
예가 된 백악관의 대통령을 보면, 이 비전을 향후 50년 안에 실현시키기 위
해서는 혁명밖에 방법이 없어 보인다.

　1978년에 내가 처음 미국에 왔을 무렵 거의 모든 미국인은 공산주의자

가 될 바에는 죽는 편이 차라리 낫다고 말했다. 바꿔 말하면, 공산주의자가 될 바에는 핵전쟁을 하는 편이 낫다는 것이다. 이 병든 집단 심리에 반해 '사회적 책임을 다하는 의사회'와 나는 153개 지부에 2만3000명의 의사를 채용하고 언론과 관계를 가질 수 있도록 교육했다. 그러자 즉시 다량의 정보가 들어왔다. 언론의 반응은 질문의 형태로 나타났다. 본질적으로 의학적이라기보다는 정치적이라고 할 문제에 왜 의사가 관여해야 하는가. 이 질문에 대한 우리의 대답은 이렇다. "핵전쟁은 인류를 멸망시킬 수도 있는 것이기 때문에, 이것은 의학적인 문제다."

우리는 미국 전역에서 심포지엄을 열면서 점점 주목을 끌었다. 사람들은 귀를 기울이기 시작했다. 보스턴 대주교는 어느 날 아침 잠에서 깨어나 『보스턴글로브』에 실린 지도를 보고 불안해했다. 거기에는 핵공격을 받았다고 가정한 피해 상황이 실려 있었다.(반경 8킬로미터 거리에 있는 사람은 모두 연기처럼 사라진다. 32킬로미터 거리의 사람은 3도 화상을 입고, 7770제곱킬로미터가 불길에 휩싸인다.) 그리고 "예수가 이것을 좋아할 것이라고는 생각되지 않는다"고 말했다. 릴리 톰린(미국의 여성 코미디언―옮긴이)과 샐리 필드(미국의 여배우―옮긴이) 등 유명 인사도 우리의 동료가 됐다. 이는 언론의 관심을 받는 일이기에 요긴했다. 다들 트위드 정장 차림으로 핵전쟁의 의학적 영향에 대해 이야기하는 호주 의사를 보고 싶어하지는 않을 테니까.

5년 후, 미국인의 80퍼센트가 핵전쟁에 반대했다. 로널드 레이건 대통령도 그중 한 명이었다. 레이건 대통령과 긴 면담을 했을 때의 일을 기억하고 있다. 그를 설득하지 못했다고 생각했지만, 나중에 대통령이 핵전쟁은 결코 일어나서는 안 되며, 거기에는 승자도 없다고 말하고 있는 것을 듣게 됐다.

그리고 대통령은 당시 소련 최고지도자 미하일 고르바초프와 대화를 진행했다. 고르바초프도 한때 핵전쟁이 의학적으로 어떤 결말을 초래하는지에 관해 우리 의사들이 토론하는 모습을 텔레비전으로 보고 있었다. 하원 의장인 팁 오닐이 우리 요청에 따라 우리가 제작한 영상작품 「마지막 유행병 The Last Epidemic」을 연방 의회의 모든 모니터에서 상영해준 적도 있다. 나중에 오닐은 핵무기 동결에 공헌할 수 있었던 것은 자신의 경력 중에서도 매우 중요한 사건이었다고 말했다.

우리는 센트럴파크에서 시위를 벌였다. 그것은 미국 역사상 최대 규모의 데모 중 하나가 됐다. 총 100만 명을 넘어선 참가자 중에는 할렘에서 온 아프리카계 미국인 동성애자, 남부 침례교의 사람들, 솔트레이크시티에서 온 모르몬교도도 있었다. 레이건 대통령은 국익을 위한 스타워즈 계획과 미사일 방어를 이야기하는 쪽으로 되돌아가버렸을지 모르지만, 그때 미국 사람 대부분이 핵무기 근절을 지지하게 됐다. 우리는 혁명을 일으킨 것이다. 냉전의 종식에 기여하는 평화적인 혁명이었다.

일이 잘된 것은 교육 덕분이었다. 제3대 미국 대통령 토머스 제퍼슨이 "교양 있는 민중은 책임 있는 태도를 취한다"고 말한 그대로다. 그러나 지금, 항상 휴대전화로 트위터를 하거나 문자메시지를 보내거나 하는 젊은 세대는 견문이 좁은 것은 아닐까. 자신들의 세대가 원자력 시대로부터 무엇을 계승하는지 이해하지 못하고 있는 듯하다. 향후 원전 사고가 일어날 수 있다는 것뿐만 아니라, 지금도 어디에 보관해야 할지 아무도 모르는 엄청난 양의 방사성 폐기물을 물려받아야 한다. 이 폐기물은 누출될 것이다. 음식과 물을 오염시켜 궁극적으로 암의 확산을 유발하고 인류의 유전자에 돌이킬 수 없는 손상을 줄 것이다. 아이들의 시대를 상상해보라. 음식도 모유도 방사성 물질투성이고, 자궁에 있을 때 방사선을 받은 탓에 기형아로 태어나며, 여섯 살짜리 어린이가 암 진단을 받는 세계. 이러고 있는 사이에도 원자력 산업계는 새로운 발전소 건설만 생각하고 있다. 그들은 오만하다. 자신이 더럽힌 곳을 청소하는 일이나 방사선 폐기물이 미래에 일으킬 해악에 대해 전혀 관심을 보이지 않고 있다.

이 해악에는 유전자 돌연변이도 포함된다. 그 대부분이 질병을 일으키며, 열성 유전자에서 발견된다.(우성 유전자에서 나타나는 돌연변이는 대부분 치명적이다.) 허먼 조지프 멀러가 노벨상을 받게 된 초파리 실험이 보여준 것처럼, 문제는 돌연변이가 나타날 때까지 20세대가 걸릴 수 있다는 점이다. 당뇨병이나 낭포성 섬유증 등 현재 유전적으로 이어지는 것으로 알려진 6000종의 질병들도 마찬가지다. 따라서 의학적 견지에서 말하자면, 히로시마와 나가사키의 원폭에 의한 직접적인 유전자 이상 징후가 없다고 해서 피폭 생존자의 유전자가 어떤 손상도 입지 않았다는 결론을 내리는 것은 터무니없는 얘기다.

일본 정부는 학생들의 연간 방사선량 피폭 허용 한도를 20밀리시버트로 제안하고, 위험도는 낮다고 주장하고 있다. 『전리 방사선의 생물학적 영향에 관한 위원회 제7차 보고서』의 추정치에 따르면, 이 수준의 방사선에 5년 이상 노출될 경우, 즉 총 100밀리시버트의 방사선을 받은 경우, 여자아이는 다섯 살부터 암 발병 확률이 3퍼센트 정도다. 여자아이 100명당 세 명꼴로 암이 발병하고(남자아이의 발병 확률은 여자아이보다 낮다), 이 세 명 중 한 명은 피폭과 관련이 있을 가능성이 있다. 그러나 더욱 충격적인 것은 학부모가 느끼는 공포감과 죄책감일 것이다. 자신의 아이가 그런 피폭으로 암에 걸릴 수 있고, 특히 대부분의 암은 잠복기가 길다는 사실이다. 미국 국방부는 이것을 이해하고 있었다. 1946년 7월에 비키니 환초에서 실시한 핵실험으로 인한 오염도를 조사했는데, 그 보고서에는 다음과 같이 적혀 있다.

"오염지역의 생존자 중 몇 명은 몇 시간, 며칠, 몇 년 안에 방사선 질병으로 숨질 것이다. 그러나 오염지역은 바람과 지형 때문에 규모와 모양이 일정하지 않고, 따라서 오염되지 않은 지역과의 경계선은 알 수 없다. 자신이 방사선 질병을 앓게 될 운명을 피했는지 아무도 확신할 수 없다. 따라서 현재의 모든 두려움과 더불어 수천 명이 죽음 그 자체와 그 죽음이 언제 찾아올지 모르는 공포에 휩싸여 있다."

이런 일이 지금 후쿠시마 지역에서 일어나고 있다. 체르노빌에서도 비슷한 사태가 일어났다.

우리는 어려운 상황에 놓여 있다. 이 행성의 죽음과 마주하고 있다. 나는 천문학자 칼 세이건에게 우주에 다른 지적 생명체가 존재한다고 생각하는지 물어본 적이 있다. 그는 잠시 침묵한 뒤 이렇게 대답했다. "생각하지 않는다. 만약 어떤 생물종이 우리와 같은 진화 단계에 도달하면, 스스로를 파괴할 테니까."

확실히 우리는 자기 파괴에 열중하고 있는 것으로 보인다. 현재 미국과 러시아는 세계 수소폭탄의 97퍼센트를 보유하고 있다. 양국은 각각 언제든 발사할 수 있는 약 1000개의 수소폭탄을 갖고 있는 것이다. 또 하루 약 1000명의 해커가 미국 국방부의 컴퓨터에 침입하려고 시도한다. 미국은 사회적으로 용인된 살인을 위해 수조 달러를 지출하지만, 다른 문명사회에서 거의 실현하고 있는 무료 의료서비스 제도는 갖추지 않고 있다.

지구 온난화도 우리를 짓누르고 있다. 호주에서는 그 어느 때보다 더운 날들이 계속되고 있다. 나는 유칼립투스 나무가 우거진 숲에서 살고 있다. 이 나무는 열을 받으면 발화한다. 산불로 하늘에서 재가 내리는 한편 다른 지역에서는 심한 홍수를 겪고 있다. 그러는 동안에도 우리는 중국에 계속 석탄을 수출하고, 중국에서는 석탄을 태워 심각한 대기 오염을 일으키며, 사람들은 호흡 곤란으로 산소통을 사고 있다. 태평양에는 텍사스의 2배 크기인 플라스틱 쓰레기 섬이 떠 있지만, 우리는 플라스틱 제품을 점점 더 많이 생산하고 있다. 그 플라스틱 쓰레기가 장폐색과 암을 유발하는 비스페놀A의 원인이 되고, 쓰레기를 먹은 물고기와 그 물고기를 먹은 새가 프탈산에 중독된다. 우리는 셰일 가스 시추를 위한 수압 파쇄를 허용하고 있지만, 이 방법은 돌이킬 수 없을 정도로 환경을 파괴한다. 이러는 사이에도 항상 추앙하는 것은 돈이다. 누구나 더 해도 좋다고 생각하는 것은 돈을 많이 버는 것이고, 바로 이것이 지구를 죽이고 있다.

지구는 중병을 앓고 있다. 우리 모두가 병든 지구를 위해 의사가 돼야 한다. 그렇지 않으면 아이들에게 아무것도 남겨주지 못할 것이다. 지구 온난화는 막을 수 있다. 석탄 채굴을 중단할 수 있다. 수압 파쇄를 중지할 수 있다. 전기 낭비를 없앨 수 있다. 플루토늄을 만들어내지 않아도 언제든지 물을 데울 수 있는 다른 방법이 있다. 미국 전역의 주차장에 태양 전지 패널을 붙이고 태양광 자동차를 탈 수 있다. 에너지 수요를 태양광, 풍력, 지열 발전으로 대체할 수 있다.

우리의 권리 의식은 기이하다. 30퍼센트의 전기를 낭비하면서도, 전기가 어디에서 오는지 대부분의 사람은 짐작조차 못 했다. 이런 사람들은, 예를 들어 우리 모두가 빨래 건조기를 사용하지 않으면 원전에서 만들어내는 것과 거의 같은 양의 에너지를 절약할 수 있다는 사실을 모를 것이다. 우리가 해야 할 일은 미디어를 통해 사람들에게 알리는 것이고, 의사와 과학자에게 데이터를 분석하고 설명할 기회를 제공하는 것이다. 또 삶의 방식과 원전이 초래할 문제에 대해 생각하도록 사람들을 '계몽'하는 것, 무엇보다 우리의 아이들을 어떻게 지킬 것인지 진지하게 고민하는 것도 필요하다.

미국이 오늘처럼 여유롭게 된 것은 천연 자원뿐만 아니라 사람들의 창의성 때문이기도 하다. 미국은 에너지를 책임지는 나라가 무엇을 해야 할지 전 세계에 쉽게 보여줄 수 있으며, 이를 달성하면 자부심을 가질 수 있다. 그러나 이를 위해서는 혁명이 필요하다. 그리고 그 혁명은 당신이 시작해야 한다.

시작하며 ＼

1. "일본은 원자력 위기 직후 긴급 방사성 낙진을 나타내는 미국의 방사선 지도를 공표하지 않았다Japan Sat on U.S. Radiation Maps Showing Immediate Fallout from Nuke Crisis", *Japan Times*, June 18, 2012.

2. E. Bagge, A. Bjelle, S. Eden, and A. Svanborg, "노인의 골관절염: 79세와 85세에서의 임상학적·방사선학적 발견Osteoarthritis in the Elderly: Clinical and Radiological Findings in 79 and 85 Year Olds", *Annals of the Rheumatic Diseases* 50, no. 8(1991): pp.535~539. Epub 1991/08/01.

3. 위의 글.

4. A. V. Yablokov, V. B. Nesterenko, A. V. Nesterenko, and J. D. Sherman-Nevinger, 『체르노빌: 대참사가 사람과 환경에 미친 영향Chernobyl: Consequences of the Catastrophe for People and the Environment』(New York: Wiley, 2010).

5. Fukushima Health Management, '제15회 후쿠시마 현 보건 관리 설문조사를 위한 정책위원회Proceedings of the 15th Prefectural Oversight Committee Meeting for Fukushima Health Management Survey', Fukushima, Japan, 2014.

6. A. P. Møller and T.A. Mousseau, "저선량 피폭의 영향: 소련의 과학, 원자력 산업, 그리고 독립?The Effects of Low-Dose Radiation: Soviet Science, the Nuclear Industry—nd Independence?", *Significance* 10, no. 1(2013): pp.14~19.

5 \

1. 예를 들어 노르웨이 대기연구소의 예측에 따르면, 후쿠시마의 손상된 원자로에서 체르노빌 원자로가 파괴될 때의 2.5배에 달하는 방사성 제논133이 방출되었다. 제논133의 반감기는 약 5일이므로, 두 달 사이에 대부분 환경에서 소멸했다. 그러나 후쿠시마에서 바람이 거대한 제논133 구름을 수도권 상공으로 옮겨, (일본 화학분석센터에 따르면) 2011년 3월 14일부터 3월 22일까지 대기 1세제곱미터에 초당 평균 1300개의 원자핵이 붕괴(1300베크렐)했다. 일본 정부는 도쿄 도민에게 예방 조치를 취하도록 경고하는 길을 선택하지 않았다.
2. 이것은 대참사가 된 원전사고로 방출된 다른 수명이 긴 방사성 핵종의 중요성을 해치는 것이 아니다. 스트론튬90과 플루토늄은 세슘137만큼 또는 더 나쁜 영향을 생명체에 미친다. 그러나 그것이 원자로 사고로 방출된 양은 세슘137과 비교하면 상당히 적다. 그래서 이번 장에서는 방사성 세슘에 중점을 둔다.
3. 세슘은 섭씨 671도에서 기체가 된다.(1기압 상황인 경우) 반면 연료봉이 가열돼 손상되는 것은 섭씨 약 815도에서, 발화하는 것은 섭씨 1815도. 연료봉 내부 압력이 높아지면 연료봉이 파괴(지르코늄 피복이 파열)된다. 사용후 핵연료봉을 덮고 있는 지르코늄 피복은 공기에 노출돼 섭씨 980도까지 가열되는 반응을 일으켜 파괴적인 화재를 일으킬 수 있다. 이 결말은 원자로의 멜트다운보다 잠재적으로 심각할 것이다.(B. Alvarez "사용후 핵연료는 어떻게 되었나What About the Spent Fuel?", *Bulletin of the Atomic Scientists*, January–February 2002, pp.45~47)
4. 이 낙진은 하늘에서 내리는 비로 인해 가장 응축되기 쉽지만, 침착이 균일하지 않기 때문에 불규칙적으로 응축되는 경향이 있다.
5. 세슘137의 분포에 고르지 않은 경향이 있는 것은 물론이지만, 그러나 모든 곳에서 발견된다. 요리나 난방을 위해 땔감으로 쓰이는 동안 방사성 연기를 만들어내는 나무뿐만 아니라 각종 식물과 동물의 세포에서도 발견된다. 이런 환경에서 소량의 방사성 핵종(주로 세슘137)에 매일 노출되는 것은 사실상 불가피하다. 그 94퍼센트가 식품을 통해 체내로 들어가기 때문이다.(V. Nesterenko and A. Nesterenko, "체르노빌 원전 사고에서 유래한 방사성 핵종의 체외 배출Decorporation of Chernobyl Radionuclides", in "체르노빌: 피해의 전모Chernobyl: Consequences of the Catastrophe for People and the Environment", in

Annals of the New York Academy of Sciences, vol.1181, Boston: Blackwell Publishing on behalf of the New York Academy of Sciences, 2009, viii, p.304.)

6. 모든 수생, 육생 동식물은 칼륨과 마찬가지로 세슘을 축적하는 경향이 있다. 이러한 경향은 균류나 딸기류처럼 칼륨이 풍부한 육지 생물이 특히 그렇다. 식물의 세슘 흡수는 비료로 칼륨을 추가하는 것을 통해 다소 억제할 수 있다. 물이 탁한 수생계에서도 흡수가 줄어들 수 있다.

7. A. Madrigal, "체르노빌 출입 금지 구역 방사능 예상보다 오래 잔류Chernobyl Exclusion Zone Radioactive Longer Than Expected", Wired.com, December 15, 2009.

8. 이것들은 방사능을 표현할 때 '낡은' 용어로 간주되고 있다는 것을 알고 있지만, 대부분의 사람들에게 가장 직관적이고 이해하기 쉽다. 방사선과학 분야에서 용어가 자주 바뀌는 것은 어떤 의미에서는 문외한인 청중을 연기에 휩싸이게 하려는 게 아닐까 생각한다.

9. 라돈과 그 딸 핵종인 폴로늄 등 높은 방사능을 가진 천연의 방사성 핵종도 존재하지만, 그 반감기는 매우 짧다. 먹이사슬에 포함되기 훨씬 이전에 자연 소멸하기 때문에 먹을거리에서 발견된 경우는 거의 없다.

10. 1그램당 88퀴리의 방사능에서는 세슘137이 바륨137m을 거쳐 바륨137로 붕괴하는 과정이 포함돼 있으며, 바륨137m은 붕괴할 때 강력한 감마 방사선을 방출한다. 바륨137m의 반감기는 3분도 안 된다.

11. 이 수치 모델은 다양한 원자 입자가 미칠 것으로 예상되는 생물학적 영향과 영향을 받는 조직 특유의 가중치를 이용하고 있다. 그러나 그 계산 방법은 좁은 범위의 세포군에 추가된 복용량을 그 세포군이 존재하는 기관계나 조직 전체에서 평균화한다. 같은 선량에서도 영향 범위는 다양하다는 것을 고려하면 올바른 것으로 인정하기는 어렵다.

12. R. Alvarez, J. Beyea, K. Janberg, J. Kang, E. Lyman, A. Macfarlane, G. Thompson, and F. von Hippel, "미국에 저장된 원자력 발전소의 사용후 핵연료의 위험 줄이기Reducing the Hazards from Stored Spent Power-Reactor Fuel in the United States", *Science and Global Security* 11(2003): p.7.

13. 'The Big Picture', RT.com, 2011년 5월 17일, http://www.youtube.com/watch?v=EFtfkJc4kM에서 검색.

14. 로렌스 리버모어의 과학자들은 이미지를 여기서 다시 출판하자는 내 요청을 거절했지만 온라인에서 찾아볼 수 있다. 게일 스기야마와 존 내스트롬의 '후쿠시마 제1원자력발전소의 비상 대응 중 NARC 모델링 개관' 슬라이드 번호 25에서 찾아볼 수 있다. 또 후쿠시마 제1원자력발전소에서 대기 중에 방출된 방사선량을 추정하기 위한 선원항 예측 모델(2012년 2월 22~24일)도 있다. www.ral.ucar.edu/nsap/events/

fukushima/documents/Session1_Briefing3-Sugiyama.pdf

15. 1년에 1밀리시버트는 현재 미국의 방사선 피폭 안전 기준치와 비슷하다.

16. 이 숫자는 일본의 전 스위스 대사 무라타 미쓰헤이가 후쿠시마 현 공무원으로부터 구해서 나에게 제공했다.

17. M. Fackler, "일본의 원자력 피난민 아직도 지옥의 벽촌에Japan's Nuclear Refugees, Still Stuck in Limbo", *New York Times*, October 1, 2013.

18. Comments by the Committee to Bridge the Gap, NIRS, PSR Los Angeles, and the Southern California Federation of Scientists on the National Council on Radiation Protection and Measurements's draft report SC 5-1, "핵방사선 테러 사건에서 회복 후반에 필요한 의사 결정 최적화를 위한 방법Approach to Optimizing Decision Making for Late-Phase Recovery from Nuclear or Radiological Terrorism Incidents", April 2013.

19. A. Makhijani, "방사선 방호 기준에서 권장 및 수정 지침의 표준인 사용The Use of Reference Man in Radiation Protection Standards with Recommendations for Guidance and Change", *Institute for Energy and Environmental Research*, December 2008.

20. 위의 책.

21. 이러한 변환은 등가 선량을 얻기 위해, 상정된 '방사선 하중 계수'를 흡수선량에 곱해 구할 수 있다. 그리고 상정된 '조직 하중 계수'에 등가 선량을 곱해서, 총 실효선량을 구할 수 있다. '실효 선량 계수'라는 계수도 있는데, 방사성 핵종이 체내에 들어간 후, 시간을 평준화하고 '예탁'된 체내 선량을 계산하기 위해 사용된다.

22. Committee Examining Radiation Risks of Internal Emitters, London, "내부 방사의 방사선 위험 검증위원회 보고서Report of the Committee Examining Radiation Risks of Internal Emitters (CERRIE)", October 2004

23. 방사능을 띤 연기를 흡입해 방대한 양의 세슘137이 인체로 들어가게 될 가능성도 있다. 벨라루스와 우크라이나의 시골 가정에서 요리와 난방에 나무가 사용되는데, 오염지역에서는 그 나무가 방사성을 띠고 있기 때문이다. 장작을 태우는 것으로 방사능이 방출되는 것이다. 소련 시절부터 뛰어난 의사인, 벨라루스에 거주하는 바실리 네스테렌코(2008년 사망)는 이러한 가정의 굴뚝은 끊임없이 방사성을 띤 장작을 태워왔기 때문에 '소형 크기의 원자로'라고 불렀다.

24. ICRP, "핵사고 또는 방사능 긴급 사태 발생 후 장기간 오염된 지역에 거주하는 사람들의 방호를 권고하기 위한 위원회의 신청서Application of the Commission's Recommendations to the Protection of People Living in Long-Term Contaminated Areas After a Nuclear Accident or a Radiation Emergency", *Annals of the ICRP* 39, no.3(2009).

25. Y. Bandazhevsky, "어린이의 기관에서 세슘의 장기적인 흡수Chronic Cs-137 Incorporation in Children's Organs", *Swiss Medical Weekly* 133, no.35-36(2003): 488-0.

26. 블라디미르 체르트코프의 우수한 다큐멘터리 '핵 논란Nuclear controversies'에 가택연금 중인 반다젭스키 박사의 인터뷰를 포함해 이 스토리에 대해 많은 이야기가 담겨 있다.

27. 벨라드 방사능 안전 연구소 웹사이트 "General Overview"(www.belrad-institute.org/UK/doku.php)

28. A. Yablokov, V. Nesterenko, and A. Nesterenko, "체르노빌: 대참사가 사람과 환경에 미친 영향Chernobyl: Consequences of the Catastrophe for People and the Environment", in *Annals of the New York Academy of Sciences* vol.1181(Boston: Blackwell Publishing on behalf of the New York Academy of Sciences, 2009), viii, p.42.

29. 유엔 개발 계획 "벨라루스: 미래의 선택Belarus : Choices for the Future"(Minsk : *National Human Development Report* 2000), p.32, http://hdr.undp.org/sites/default/files/belarus-2002-en.pdf

30. J. Vidal, "체르노빌 50만 명의 사망자를 무시해 비난받는 유엔UN Accused of Ignoring 500,000 Chernobyl Deaths," *The Guardian*, March 24, 2006.

31. 위의 글.

32. International Physicians for the Prevention of Nuclear War, "체르노빌이 건강에 미치는 영향: 원자로 대참사로부터 25년Health Effects of Chernobyl: 25 Years After the Reactor Catastrophe," April 2011.

33. 위의 글.

34. 원자력 발전소는 석탄이나 가스를 연소시키는 발전소와 같은 원리로 전기를 만들어내고 있다. 대량의 열에너지를 발생시켜, 그것을 이용하여 물을 끓여 증기를 만들고, 그 증기의 힘으로 터빈을 회전시켜 전기를 만든다. 원자력발전소는 전기를 만들기 위해 발명된 것은 아니었다. 핵무기에 사용되는 플루토늄을 생산하기 위해 설계된 것이다. 연료로 우라늄을 사용하는 모든 1000메가와트 급의 상용 원자력발전소는 매년 약 40개의 핵무기를 만들 수 있는 플루토늄을 만들어내고 있다.

11 ＼

1. 흡수 방사선의 한 단위로, 물질 1킬로그램당 1줄의 에너지 흡수와 같다.

10 \

Arynchyn, A. N., and L. A. Ospennikova, "Lens Opacities in Children of Belarus Affected by the Chernobyl Accident." In *Recent Research Activities on the Chernobyl Accident in Belarus, Ukraine, and Russia*, ed. T. Imanaka(Kyoto: Kyoto University press, 1998), pp.167~168.

Bennet, Burton, Michael Repacholi, and Zhanat Carr, eds. *Health Effects of the Chernobyl Accident and Special Health Care Programmes*: Report of the Chernobyl Forum Expert Group 'Health'(Geneva: World Health Organization, 2006).

Broda, R., "Gamma Spectroscopy Analysis of Hot Particles from the Chernobyl Fallout." *Acta Physica Polonica* B18, no.10(1987): pp.935~950.

Fairlie, I., and D. Sumner, *The Other Report on Chernobyl(TORCH)*, Berlin: Altner Combecher Foundation, 2006.

Grodzinsky, D. M., "Ecological and Biological Consequences of the Chernobyl Accident." In *Chernobyl Catastrophe: History, Social,*

Economics, Geochemical, Medical and Biological Consequences, ed. V. G. Bar'yakhtar, pp.290~315. Kiev: Naukova Dumka, 1995.

Koerblein, A., "Studies of Pregnancy Outcome Following the Chernobyl Accident." In ECRR: Chernobyl 20 Years On: Health Effects of the Chernobyl Accident, ed. C. C. Busby and A. V. Yablokov, pp.227~233. Aberystwyth: Green Audit Books, 2006.

Koerblein, A., "Einfluss der Form der Dosis–Wirkungsbeziehung auf das Leukamierisiko", Strahlentelex, nos.(2008): 8–0, pp.524~525

Kryvolutsky, D. A., Change in Ecology and Biodiversity After a Nuclear Disaster in the Southern Urals, Sofia: Pensoft, 1998.

Lyaginskaya, A. M., A. R. Tukov, V. A. Osypov, and O.N. Prokhorova, "Genetic Effects on Chernobyl's Liquidators", Radiation Biology Radioecology 47, no.2 (2007): pp.188~195.

Malko, M. V., "Assessment of the Medical Consequences of the Chernobyl Accident." In The Health Effects on the Human Victims of the Chernobyl Catastrophe, ed. I. P. Blokov, Amsterdam: Greenpeace International, 2007, pp.194~235.

Petoussi–Henss, N., et al., "Conversion Coefficients for Radiological Protection Quantities for External Radiation Exposures", Annals of the ICRP 40, no.2(2010).

Scherb, H., and K. Voigt. "The Human Sex Odds at Birth After the Atmospheric Atomic Bomb Tests, After Chernobyl, and in the Vicinity of Nuclear Facilities", Environmental Science and Pollution Research 18, no.5(June 2011): pp.697~707.

Sinkko, K., H. Aaltonen, R. Mustonen, T. K. Taipale, and J. Juutilainen, Airborne Radioactivity in Finland after the Chernobyl Accident in 1986, Report STUK–A56, Helsinki: Finnish Center for Radiation and Nuclear Safety, 1987.

Sperling, K., H. Neitzel, and H. Scherb, "Evidence for an Increase in Trisomy 21 (Down Syndrome) in Europe After the Chernobyl Reactor Accident", Genetic Epidemiology 36, no.1(2012): pp.48~55.

Tscheglov, A. I., Biogeochemistry of Technogenic Radionuclides in the Forest Ecosystems, Moscow: Nauka, 1999.

Yablokov, A. V., V. B. Nesterenko, and A. V. Nesterenko, "Chernobyl:

Consequences of the Catastrophe for People and the Environment",
Annals of the New York Academy of Sciences 1181(2009).

11 \

Dancause, Kelsey Needham, Lyubov Yevtushok, Serhiy Lapchenko, Ihor
Shumlyansky, Genadiy Shevchenko, Wladimir Wertelecki, and Ralph M.
Garruto. "Chronic Radiation Exposure in the Rivne—Polissia Region of
Ukraine: Implications for Birth Defects." *American Journal of Human
Biology* 22, no. 5 (2010): pp.667—674, doi:10.1002/ ajhb.21063.
Wertelecki, Wladimir, Lyubov Yevtushok, Natalia Zymak—Zakutnia, Bin
Wang, Zoriana Sosyniuk, Serhiy Lapchenko, and Holly H. Hobart.
"Blastopathies and Microcephaly in a Chornobyl Impacted Region
of Ukraine." *Congenital Anomalies*, January 13, 2014, doi:10.1111/
cga.12051(online publication ahead of print publication).

18 \

Beyea, J. and M. Bricker, "Risks of Exposure to Low—Level Radiation",
Bulletin of the Atomic Scientists 68(2012).

필진 소개

1 \ 간 나오토Naoto Kan 전 일본 총리.

2 \ 고이데 히로아키Hiroaki Koide 교토대 원자로실험소 방사성안전관리전문가.

3 \ 데이비드 로크바움David Lochbaum 참여과학자연대 원자력안전프로젝트 대표.

4 \ 사키야마 히사코Hisako Sakiyama 전 방사선의학종합연구소 주임연구관, 도쿄전력 후쿠시마 원자력발전소 사고조사위원회 위원.

5 \ 스티븐 스타Steven Starr '사회적 책임을 다하는 의사회' 선임과학자, 미주리대 임상실험과학 디렉터.

6 \ 마쓰무라 아키오Akio Matsumura '세계 생존에 관한 의회 지도자 국제 포럼' 창립자.

7 \ 데이비드 브레너David Brenner 컬럼비아대 의학부 방사선생물물리학 교수.

8 \ 이언 페어리Ian Fairlie 방사선 생물학자, 방사선 리스크 컨설턴트, 영국 정부에 의한 내부 피폭 위험 검토위원회의 전 과학 담당 비서.

9 \ 티머시 무소Timothy Mousseau 사우스캐롤라이나대 생물과학 교수.

10 \ 알렉세이 야블로코프Alexey V. Yablokov 러시아과학아카데미 회원.

11 \ 블라디미르 베르테레키Wladimir Wertelecki 우크라이나 아이 발육 프로그램 옴니넷 위원장, 뉴욕주립대 생물의학인류학 조교수.

12 \ 아널드 건더슨Arnold Gundersen '페어 윈즈 에너지 교육'의 원자력 엔지니어.

13 \ 로버트 앨버레즈Robert Alvarez 정책연구소 선임 연구원.

14 \ 케빈 캠프스Kevin Kamps '비욘드 뉴클리어'의 고준위 폐기물 관리 및 운송 전문가.

15 \ 신디 폴커스Cindy Folkers '비욘드 뉴클리어'의 방사선 및 건강 전문가.

16 \ 메리 올슨Mary Olson '핵 정보 자료 서비스' 남동부 사무소 디렉터.

17 \ 스티븐 윙Steven Wing 노스캐롤라이나대 길링스 공중보건스쿨 역학 부교수.

18 \ 허버트 에이브럼스Herbert Abrams 스탠퍼드대 방사선과 명예교수, 미국 과학아카데미 '전리 방사선의 생물학적 영향에 관한 위원회' 위원.

19 \ 데이비드 프리먼David Freeman 테네시계곡개발공사 전 회장, 로스앤젤레스 수도 및 전력국 국장, 뉴욕전력공사 국장, 새크라멘토 전력공사 국장.

끝이 없는 위기

초판 인쇄	2016년 2월 26일
초판 발행	2016년 3월 4일

엮은이	헬렌 캘디콧
옮긴이	우상규
펴낸이	강성민
편집장	이은혜
편집	박세중 이두루 박은아 곽우정 차소영
편집보조	백설희
마케팅	정민호 이연실 정현민 김도윤 양서연
홍보	김희숙 김상만 이천희

펴낸곳	(주)글항아리	출판등록 2009년 1월 19일 제406-2009-000002호
주소	10881 경기도 파주시 회동길 210
전자우편	bookpot@hanmail.net
전화번호	031-955-1903(편집부) 031-955-8891(마케팅)
팩스	031-955-2557

ISBN	978-89-6735-306-3 03300

글항아리는 (주)문학동네의 계열사입니다.

이 도서의 국립중앙도서관 출판예정도서목록(CIP)은 서지정보유통지원시스템 홈페이지
(http://seoji.nl.go.kr)와 국가자료공동목록시스템(http://www.nl.go.kr/kolisnet)에서 이용
하실 수 있습니다. (CIP제어번호: 2016004301)